JN418922

처음 읽는

마르틴 루터

생애와 신앙고백

처음 읽는

마르틴 루터 생애와 신앙고백

2019년 8월 1일 1쇄 인쇄
2019년 8월 5일 1쇄 발행

지은이 | 이상웅
펴낸이 | 박영호
펴낸곳 | 도서출판 솔로몬

주소 | 서울시 동작구 사당로 170
전화 | 599-1482
팩스 | 592-2104
직영서점 | 596-5225

등록일 | 1990년 7월 31일
등록번호 | 제 16-24호
E-mail | solcp1990@gmail.com

ISBN 978-89-8255-579-4 03230

처음 읽는

마르틴 루터

생애와 신앙고백

이상웅

솔로몬

총신대학교신학대학원의

첫 기독교윤리학 교수로 재직해오신

이상원교수님께 존경과 감사의 마음을 담아

이 작은 책을 헌정합니다.

추천사

평소에 학문적으로 존경하옵는 이상웅 교수님께서 『처음 읽는 마르틴 루터 생애와 신앙고백』이라는 책을 출판하면서 학계의 여러 유명한 분들이 계신데도 나에게 추천사를 부탁하셔서 감사하면서 이 추천사를 쓰게 된다.

장로교가 한국에 들어 온지가 거의 120년이나 되었는데도, 총신대학교 교수님들 중에서 루터에 관한 단행본을 내게 된 경우는 이번이 처음이라고 생각된다. 이는 종교개혁 당시에 루터파와 칼빈파가 성만찬 문제를 비롯한 몇 가지 문제로 의견 차이가 있었고, 그때 이후 그의 추종자들 사이에 서로에 대한 감정의 앙금들이 남아있어서, 양 개신교 교파는 화해적 연구 보다는 상대보다 우월하다는 것을 입증하는 연구들이 더 많았기 때문이다. 그동안 총신쪽에서 루터에 관한 논문 몇 편들이 나왔지만, 이 책처럼 체계적으로 루터의 생애와 신학을 파헤친 책은 나오지 않았다. 이미 아뻴도오른 신학대학교의 셀더르하위스(H. Selderhuis)를 통하여 칼빈 신학을 루터 신학과의 연관성 속에서 연구하려는 시도가 있어왔지만 한국인

학자로서는 처음이라고 생각된다.

이 교수님은 칼빈주의 신학자로서 루터 신학이 가진 문제점들을 분명히 지적하면서 시작하지만, 칼빈과 바빙크, 카이퍼등과 같은 주요 칼빈주의자들의 루터에 대한 긍정적 평가들을 소개하면서, 자신도 이런 흐름에서 루터의 생애와 신학을 살펴보겠다고 말한다. 그는 먼저 루터의 저술과 그에 관한 그동안의 자료들을 소개하는데, 지금까지 그에 관한 연구 자료들을 모두 다 소개하지는 않았지만, 한국에 나와 있는 모든 책들 중에서 가장 잘 정리하고 있어서, 루터를 연구하려는 사람들은 이 장에 언급된 루터 전집과 그에 관한 참고문헌들을 읽는 일부터 시작하면 될 정도이다. 이 교수님은 이어서 그의 생애를 초기 중기 후기로 나누고 그의 주요 작품들을 중심으로 루터의 신학을 서술하고 마침내 루터의 『대교리문답』을 다룬다. 그는 이 문답의 역사적 배경과 텍스트, 그리고 내용을 분석하면서 두 개의 서문, 십계명, 사도신경, 주기도, 세례, 성만찬에 대한 고찰을 통하여 루터 신학의 진수를 파악하려고 애쓰고 있다.

이 책의 최대의 강점은 마지막 부분이다. 왜냐하면 루터는 칼빈과 달리 기독교 강요와 같은 조직신학 책을 남긴 적이 없기 때문에, 그를 체계적으로 알고 싶어 하는 사람들이 그의 신학을 이해하기가 쉽지 않는데, 루터가 이 대교리문답에서 그의 신학의 주요 내용들을 개괄적으로 제시하고 있어서, 독자는 이 문답서만 잘 이해하면 루터 신학의 특징들을 파악할 수 있기 때문이다.

부디 이상웅 교수님의 이 책이 장로교 신자들에게 그리고 루터교를 비롯한 한국의 다른 교단의 독자들에게도 많이 읽혀져서, 루터의 신학을 새롭게 이해하는 계기가 되었으면 한다.

김용주박사

(안양대학교 겸임교수, 분당두레교회 담임목사)

저자 서문

2019년은 츠빙글리와 스위스 종교개혁 500주년을 기념하는 해이지만, 지나간 2017년은 루터와 개신교 종교개혁 500주년을 기념하는 뜻깊은 해였다. 그와 같은 기념할만한 해를 맞이하여 국내외적으로 많은 학회들과 기념행사들이 진행된 바가 있다. 그러한 역사적인 순간을 맞아 개혁신학을 추구하는 필자도 루터의 생애와 신학사상을 처음 공부하는 심정으로 자료들을 수집하고 수 개월동안 연구에 집중하였고, 세 편의 글을 발표한 바가 있다. "마르틴 루터(Martin Luther, 1483-1546)의 생애와 주요 저술(1), (2)"는 본인이 재직하고 있는 총신대학교신학대학원의 계간지 「신학지남」 에 기고했고, 대교리문답(1529)의 역사적 배경과 내용 분석을 다룬 논문은 「한국개혁신학」에 기고한 바가 있다. 이러한 세 편의 글을 한 권의 단행본으로 묶으면서 수정 보완 작업이 이루어졌다. 특히 대교리문답에 대해 작성한 논문이 과도한 분량탓에 일부만 발표하였었는데, 본서에서는 모두 공표하였다.

1부에서 충분히 논의하겠지만 개혁신학 진영 가운데는 개혁파와 루터파가 전혀 이질적인 신학을 가지고 있으며 서로 공유하는 바가 없다거나 칼빈은 루터에게 배운 바가 없다는 식으로 차별화시키려는 이들이 있다. 하지만 이러한 극단적인 자세는 역사적인 증거들을 도외시하는 일임을 알아야 한다. 칼빈은 루터를 직접 만난 적은 없지만, 종교개혁자로 형성되어가는 과정에서 루터의 여러 저작들을 읽고 영향을 받았으며, 후기까지도 루터를 존경하는 마음을 놓치 않았다. 단적으로 예를 들자면 1544년 11월 25일자로 하인리히 불링거 Heinrich Bullinger에게 보낸 한 서신을 보면 칼빈은 루터의 단점과 오류에도 불구하고 그를 존경한다는 점을 분명하게 드러내었다.

> 그것은 루터가 얼마나 훌륭하고 재능이 탁월한 분인지, 어떠한 정신력과 굳은 각오로, 얼마나 대단한 역량으로, 얼마 효과있고 능력있는 교리 진술로 지금까지 온 힘을 다해 적그리스도의 지배를 벗어던지려 했는지, 그러면서 동시에 구원의 도리를 멀고 가까운 곳에 전파하려고 했는지 생각하시라는 것입니다. 나는 그 분이 나를 아무리 마귀라고 부르더라도 여전히 그분을 하나님의 훌륭한 종으로 인정하고 존경할 것이라고 평소에 자주 생각하곤 했습니다(*CO* 11:774).

물론 필자는 루터와 루터파가 주창한 여러 신학 사상들 가운데 개혁주의자들이 동의할 수 없는 많은 요소들이 있음을 간과하지 않는다. 그리스도 인성의 편재를 말하는 속성의 교통*communicatio idiomatum*론이나 루터의 공재설consubstantiation을 수용할 수가 없다. 또는 루터의 영혼수면설, 루터파 정통주의자들이 주장한 세계파괴설*annihilatio mundi* 등도 동의할 수가 없음도 사실이다. 그럼에도 불구하고 칼빈이 인정한대로 루터가 종교개혁자로 기여한 점들을 간과할 수 없는 일이고, 루터가 칼빈에게 미친 영향들을 부정할 수 있는 일도 아니다. 중요한 것은 객관적이고 공정한 역사적 연구를 통해 루터와 칼빈의 관계를 밝히는 일일 것이다. 물론 본서에서 칼빈과 루터의 관계 규명이라는 큰 과제를 떠맡으려는 것은 아니다. 그 전단계의 작업으로 루터의 생애와 사상에 대한 이해를 먼저 추구해 보려는 것이다. 앞서도 밝혔지만 필자는 루터 전문가가 아니고, 역사신학자도 아니기 때문에 아마추어 학자의 심정으로 이 일에 전념해 보았고, 그 결과를 『처음 읽는 마르틴 루터: 생애와 신앙고백』이라는 제목으로 공표하려고 하는 것이다.

본서는 제목에서 보여주는대로 마르틴 루터에 대한 관심을 가지고 처음 입문적 지식을 추구하는 독자들을 염두에 두고 있다. 사실 루터에 대한 공부를 해보겠다고 마음을 먹는다고 해도 이미 수 많은 문헌들이 존재하기 때문에 망연자실함을 느끼지 않을 수가 없는 형편이다. 바로 그러한 이들을 위해서 본서는 작은 도움이 되기를 희망하며 공표하는 것이다. 루터를 처음 읽는 이들이 그의 생애와 사상에 대한 간결한 안내를 받을 수 있도록 하기 위한 저작 의도를 기억하고 본서를 읽어주기를 바란다. 그러고 나서 루터 전기나 평전을 읽고, 루터 사상 개관서들을 읽고, 루터의 주요 저술들을 읽어나가면 될 것이라고 생각한다.

이제 저자 서문을 감사의 글로 마치고자 한다. 총신은 학내 사태 속에서 수 년 동안 진통을 겪으며 지내왔고, 그간에 구성원들은 많은 상처를 입었다. 학교 정상화를 위해 루터와 유사한 열정으로 앞서 수고했던 여러 교수님들께 감사의 마음을 전하고 싶다. 특히 필자가 속한 조직신학과 교수님들을 늘 마음으로 기억한다. 이제 세 학기 뒤면 정년퇴임을 하시게 될 이상원교수님을 기억하며 이 작은 책을 헌정한다. 1995년 12월 화란 유학을 시작한 이래 몇 번 교제를 했고, 뿐만 아니라 2003-2007년 총신대학교 일반대학원 석박사 과정 재학시 기독교윤리 분야의 여러 과목들을 통해 폭넓은 가르침을 주셨다. 그리고 지난 학내사태 동안 우리들 앞장 서서 정의(正

義)를 부르짖는 투사의 모습을 보여주셨다. 이에 후배교수로서 감사의 마음을 담아 이 책을 헌정하는 바이다. 그리고 예장합동에서 마르틴 루터 연구로 박사학위를 처음으로 받으신 루터전문가 김용주박사님(안양대학교, 분당두레교회)과 맛깔지고 정확한 『대교리문답』(복있는사람)을 역간해주신 최주훈박사님(중앙루터교회)에 대한 감사를 잊지 않고 표현하고 싶다. 아울러 종이책 출판문화가 사양길에 접어든 듯한(?) 이 어려운 시기에 필자의 저술활동에 늘 관심을 가지고 응원해 주시며, 책을 선뜻 내어주시는 솔로몬출판사 대표이신 박영호장로님께도 감사를 드린다. 부족한 이 선생의 강의들을 열심히 들어주고 피드백을 해주는 제자들과 SNS를 통해 많은 교제를 해온 지인들에게도 감사의 인사를 전한다. 마지막으로 양가 부모님들과 아내 김영신, 그리고 아들 이진희에게도 감사의 마음을 전하며 서문을 끝맺고자 한다. 자. 이제 루터를 처음으로 읽는 심정으로 여정을 떠나보도록 하자^^.

2019년 5월 11일(토)

무더움이 느껴지기 시작하는 양지 캠퍼스 411호 연구실에서

이상웅 自序

차 례

I. 들어가는 말

1. 개혁신학자가 왜 마르틴 루터를?

지나간 2017년은 개신교 종교개혁 500주년을 기념하는 뜻깊은 해였다. 잘 알고 있는대로 종교개혁은 마르틴 루터(Martin Luther, 1483- 1546)가 면죄부(혹은 전대사, *indulgentia*) 관행에 대해 비판하는 95개조를 비텐베르크 성교회Schloßkirche 문에 게시했던 1517년 10월 31일을 기준으로 하기 때문이다. 종교개혁 500주년을 맞이하여 국내에서도 많은 기념 학회들이 개최되어 다각도로 종교개혁의 의미를 되새김질해 본 바가 있다.[1] 또한 종교개혁자 마르틴 루터의 생애와 종교개혁자로서의 활동과 그의 주요 저술들의 면면을 다시 확인해 보는 논의들도 많이 전개되었다. 필자가 재직하고 있는 총신대학교신학대학원의 계간지인 「신학지남」에 기고된 루터 관련 논문들을 검색해 보니 그간에 발표된 자료들은 양적으로 많지가 않았다.[2] 태산과 같은 개혁주의 신학 유산을 제대로 이해하고 전달하는 일만 해도 과업이 크기 때문에 루터에 대한 관심이 그리 크지 않았다고 판단되어진다.[3]

물론 개혁주의 신학을 추구하는 진영내에서는 루터에 대한 관심이 필요한가 하는 의문을 제기하고픈 이들이 있을 것이다. 우리는 개신교회 중 루터파가 아니라 스위스 종교개혁을 따르는 개혁파에 속해 있다.[4] 그러나 루터와 칼빈의 관계를 다소간 연구하고 나면 루터는 단지 루터파에게만 영웅이다고 말할 수가 없게 된다. 루터 탄생 400주년이던 1883년에 『교회개혁론』*Tractaat van de reformatie der kerk*을 출간했던 아브라함 카이퍼(Abraham Kuyper, 1837-1920)는 저자 서문에서 "루터는 단지 루터교회의 신앙 영웅이기만 한 것이 아니라, 우리의 공감을 받는 사람이며, 우리 마음의 친구이기도 하다"라고 말하면서 다음과 같이 루터의 중요성을 기술한 적이 있다:

> 루터교 나라에 사는 자들은 칼빈 없이 종교개혁의 완성을 생각할 수 없을 것이다. 그러나 개혁교회는 칼빈을 그의 날씬한 몸이 그 위에 섰던 루터의 넓은 양 어깨와 별개로 하여 결코 생각할 수가 없을 것이다. 칼빈은 우리를 위하여 비텐베르크의 영웅보다 더욱 더 상세하고, 고상하고, 그리고 순수하게 그리스도의

교회의 그림을 완성했지만, 반석으로부터 화강암을 잘라내고 강력한 스트로우커로 그 보앙을 조각한 것은 루터였다… 개혁파 지도자들은 루터가 화약에 불을 붙였으며, 칼빈은 그가 시작한 일을 완성하기 위하여 단지 그 뒤를 따랐다 하는 사실을 결코 잊지 않았다… 루터교 나라에서는 칼빈이 경멸을 받았지만, 칼빈주의 나라에서 루터는 항상 명예로롭게 언급되곤 했다.[5]

비단 카이퍼뿐 아니라 많은 칼빈 연구가들은 칼빈이 루터에게 많은 영향을 받았다고 하는 사실을 인정하고 있다.[6] 물론 아뻴도오른신학대학교의 교회사교수였던 빌럼 판 엇뜨 스뻬이꺼르Willem van't Spijker교수가 잘 지적한대로 칼빈이 루터의 '노예적인 모방꾼'이 아니라 '동일한 길을 뒤따라가는 사람'이었다도 점도 우리는 기억해야 한다.[7] 칼빈의 여러 저술들 속에서도 루터에 대한 우호적인 태도와 비평적인 거리두기를 확인해 볼 수 있지만, 칼빈의 서간문속에서도 이러한 양면적인 태도를 선명하게 확인할 수가 있다.[8] 1544년 11월 25일자로 하인리히 불링거Heinrich Bullinger에게 보낸 한 서신에서 칼빈은 루터의 단점과 오류에도 불구하고 그를 존경한다는 점을 분명하게 드러내었다. 이 서신 부분은 루터에 대한 칼빈의 평가가 어떠한지와 관련하여 중요하기 때문에 주요 부분을 인용해 보려고 한다.

그것은 루터가 얼마나 훌륭하고 재능이 탁월한 분인지, 어떠한 정신력과 굳은 각오로, 얼마나 대단한 역량으로, 얼마 효과있고 능력있는 교리 진술로 지금까지 온 힘을 다해 적그리스도의 지배를 벗어던지려 했는지, 그러면서 동시에 구원의 도리를 멀고 가까운 곳에 전파하려고 했는지 생각하시라는 것입니다. 나는 그 분이 나를 아무리 마귀라고 부르더라도 여전히 그분을 하나님의 훌륭한 종으로 인정하고 존경할 것이라고 평소에 자주 생각하곤 했습니다.[9]

또한 칼빈의 후계자 테오도르 드 베즈의 『종교개혁 영웅들의 초상』에 보면 루터에 대한 소개도 있어 일부분을 소개해 주고 있는데, 개혁파 정통주의의 아버지라고 할 수 있는 드 베즈 혹은 베자의 소개임을 염두에 두고 읽어보도록 하자:

마르틴 루터의 용모는, 그의 모든 자세에서 하나님이 그에게 불어 넣어 주신 이 위대한 용기를 보여주며, 거기에 매우 고귀한 경건과 특출한 열정이 동반된 그런 용모였습니다. 매우 선하고 매우 능력있는 하나님께서 인류를 불쌍히 여기시고 사탄의 가

> 장 큰 오물들-즉 아우구스티누스 수사들-가운데서 엄청난 기적으로 이 인물을 일으켜 세우셨는데, 이는 그로 하여금 무지의 짙은 어둠 가운데서 복음의 빛을 끌어 내서 세상에 제시하고 교회를 다시 정화하게 하기 위함이었습니다… 그에게 개혁교회는, 그가 베푼 선한 섬김으로 인해, 지난 수백 년 동안 있었던 어떤 누구 못지 않은 빚을 지고 있습니다. 나아가 인간들의 죄와 그의 제자들의 부산한 정신이 그로 하여금 매사에 불타는 열정만큼이나 용의주도와 절제를 갖게 했다는 것도 이 인물 덕택입니다.[10]

한편 칼빈 이후 350년 동안 개진된 개혁신학의 정수를 집대성한 헤르만 바빙크(Herman Bavinck, 1854-1921)의 루터 평가도 눈여겨 볼 필요가 있다. 그는 교의학의 역사와 문헌을 개관하는 부분에서 루터를 다음과 같이 언급한다.

> 루터(M. Luther, 1483-1546)는 조직적 유형의 신학자가 아니었기에 교의학 저술을 남기지 않았다. 오히려 그는 독창적이고 창조적인 사상가였다. 그는 바울과 아우구스티누스의 기독교를 재발견하였다. 그는 은혜와 용서의 영광스런 메시지로서의 복음을 다시금 깨닫고 종교를 종교의 자리에 회복시켰다. 그래서 그는

> 신학 전체, 그리고 교의학 전체에 유익을 주었다. 심지어 옛 교리들은 그의 사상에 수용되어 새로운 종교적 생명으로 활성화되었다.[11]

이러한 소개 글을 통해 바빙크는 루터의 독창성과 은혜의 복음을 재발견한 점을 크게 인정하지만, 단적으로 그는 "조직신학적인 유형의 신학자가 아니었기에 교의학 저술을 남기지 않았다"라고 평가를 내린다.[12]

이처럼 우리가 역사적인 증거들을 천착해 보면 2세대 종교개혁자였던 칼빈에게 종교개혁의 선봉장이었던 루터가 미친 영향은 결과 간과될 수 없다는 것을 다각도로 확인하게 된다. 다만 루터와 칼빈의 사후 독일에서 벌어졌던 그네시오 루터주의자Gnesio Lutherans에 의한 크립토 칼빈주의자Crypto Calvinists에 대한 박해를 비롯하여 여러 가지 역사적인 사유들로 인해 루터와 칼빈, 칼빈과 멜랑히톤의 관계에 대한 공정한 논의가 진행되지 못한 감이 있다.[13] 물론 필자가 이렇게 말한다고 해서 루터와 칼빈의 신학적인 차이, 루터파와 개혁파의 신학적인 차이를 무화시키거나 최소화시키려고 하는 것이 아님도 언급하고 싶다.[14] 다만 역사적인 관계를 밝히고, 문헌적인 증거에 근거하여 2세대 개혁자였던 칼빈이 1세대 개혁자 루터에 대해 어떠한 자세를 취하며, 어떠한 영향을 받았는지를 공정하게 평가해 보자는 취지에서 말한 것이다. 루터와 칼빈의 실제적인 관계나 칼빈에 대한 루터의 영향은 결코 과소평가 되어서는 안 된다고 생각된다. 김용주박사에 의하면 Refo500을 앞장서 준비해온 국제칼빈학회 회장 헤르만 셀더르하위스교수의 목표하는 바는 '루터와 칼빈의 화목'이라고 한다.[15] 우리가 루터의 중요성과 칼빈에의 영향을 면밀하게 학술적으로 검토하고 밝혀야 하지만, 루터와 칼빈의 차이, 루터파와 개혁주의의 차이를 간과하는 일이 일어나서는 안 된다는 것이 필자의 소신이다. 그런 점에서 루터의 생애와 주요 저술을 개관하려는 본고의 이면에는 개혁주의적 관점이 전제되어 있다는 점을 분명히 밝힌다.

이제 본서에서 필자가 논의하고자 하는 순서를 밝히고자 한다. 먼저 루터의 저술과 전기 자료에 대한 소개를 먼저 제시한 후에 본론으로 들어가고자 한다. 이러한 소개는 루터에 대한 학술적 연구자들에게는 필요한 자료 소개라고 할 수 있지만, 루터를 처음 읽는 독자들에게는 성가신 일이 될 수있음으로 건너뛰어도 무방할 것이다. 두 번째 부분(II) 에서는 루터의 생애를 세 부분으로 나누어서 제시했다. 루터 학자들에 따라서는 루터의 생애를 구분하는 몇 가지 방법이 존재하지만 필자는 초기(1483-1522, 3절), 중기(1522-1530), 그리고 후기(1530-1546) 등으로 나누어서 주요 요점들과 주요 저술들을 개관해 보았다.[16] 세 번째 부분(III)에서는 루터의 복잡다단한 사상들 가운데 핵심을 일목요연하게 보여주는 교리적 주저 『대교리문답』의 역사적 배경과 내용 분석을 제시할 것이다. 적어도 이 문답서 하나만이라도 잘 이해할 수 있다면 우리는 루터의 사상과 신앙과 핵심 혹은 정수(精髓)가 무엇이었는지를 이해할 수 있을 것이라고 생각한다.

2. 루터의 저술과 전기 자료

마르틴 루터의 생애와 사상을 연구라는 영역에 발을 들여놓는 사람은 그의 저술들이 방대하다는 사실에 놀라고, 그에 관련된 2차 문헌이 가히 태산을 이루고 있다는 사실에 놀라지 않을 수가 없게 된다. 따라서 그의 생애와 주요 저술을 개관하려는 본고에서는 우선 주요 자료에 대한 소개를 하려고 한다.

2.1. 루터의 저술

루터에 대한 연구를 하기 위해서 1차 자료는 당연히 그의 손에서 나온 저술들이나 아카이브 자료라고 할 수가 있다. 루터의 생전에 출간된 자료들 뿐만 아니라 출간되지 않았던 자료들도 이제는 바이마르 전집Weimarer Ausgabe과 후속되는 작품들을 통해서 활용할 수 있게 되었고, 영어권에서는 American Edition이라고 불리우는 Luther's Works가 55권으로 완성되었기 때문에 루터 연구의 근원적인 자료는 충분히 접근가능하다고 할 것이다.

루터는 독일어와 라틴어로 저술 활동을 했기 때문에 원전은 이 두 가지 원어로 읽어야 한다. 루터 생전부터 전집 간행이 시작되어 여러 종류의 전집들이 존재하고 있지만,[17] 루터 탄생 400주년이던 1883년을 기점으로 하여 독일 황제의 후원하에patronized by the Emperor of Germany 출간하기 시작하여 2009년 마침내 120여권으로 완결지워진 바이마르전집(통상 WA로 약기함)이 현재로는 학문적인 표준판이다.[18] 이 전집은 총 네 부분으로 구성되어 있다: 1부. 저작집Schriften, WA, 2부. 탁상담화Tischreden, WATr, 3부. 독일어 성경Die Deutsche Bibel, WADB, 4부. 서간문Briefwechsel, WABr.[19] 바이마르 전집을 출간해온 뵐라우스 출판사는 전집 간행과 별도로 1981년부터

Archiv zur Weimarer Ausgabe der Werke Martin Luther 라는 이름으로 추가적인 저술 간행을 진행하고 있다.[20] 바이마르 전집은 루터 연구자들에게 근원적인 자료원이지만, 독일어 저작들의 경우에는 16세기 독일어를 그대로 실었고, 게다가 옛 독일어체Frakturschrift로 인쇄되어 있기에 다소 불편한 점이 있다. 이에 주요 저술들의 경우에는 현대 독일어로 수정하고, 라틴어체Antiqua로 활자를 인쇄한 선집들이 간행되기도 했다.[21]

앞서 소개한대로 미국 루터교회는 1958-1986어간에 총 55권의 루터 전집 미국판을 간행하는데 성공했다(LW으로 약기됨).[22] 또한 현재는 이미 출간된 55권의 전집에 추가적으로 27권을 더 출간하려고 계획하고 진행 중에 있다.[23] 새로운 시리즈까지 완성되면 미국판 루터 전집(영어)도 82권에 이르게 될 것이다. 기존의 55권은 디지털화 되어 제공되고 있기도 하다. 루터 저작의 주요 작품들을 선집한 영어 선집들도 몇 가지 존재해 왔는데, 특히 최근에 500주년을 기념하여 6권으로 기획 출간중인 『주해를 단 루터』(*The Annotated Luther*, TAW로 약기됨)은 제목 그대로 주요 작품들에 대한 서론과 주해들을 담고 있기 때문에 아주 유용한 선집이라고 할 수가 있다.[24] 보다 학술적인 연구자에게는 LW가 유용하지만, 루터 연구에 입문하는 이들에게는 TAW 선집이 훨씬 간편할 것이라고 사료된다.

한편 국내에는 한국 루터교회 설립과 초기 연구에 있어서 큰 기여를 한 지원용박사가 편집한 『루터 선집』이 루터 탄생 500주년을 주변하여 12권으로 완간되었다.[25] 30여년 전에 이뤄진 이 선집 덕분에 루터에 대한 국내의 관심이 증폭되어졌다고 할 수가 있다. 최근 한국루터교회는 미국판 루터 전집을 한글로 다 완역해 내기로 결정하고 32명의 번역자들이 동시 작업을 하고 있는 것으로 보도된 바가 있다.[26] 새로운 한역본은 성경강해(LW 1-30)를 제외한 작품들(LW 31-54)을 일차적으로 완역해 내는 것을 목표로 삼고 있다.

2.2. 루터 전기

루터의 생애와 공적 활동을 이해하기 위해서는 루터의 저작 전집이 필수적으로 필요하지만, 당시대 상황이나 전시대와의 연관성을 파헤친 연구서들이나 깊은 연구를 토대로 하여 저술된 표준 전기들을 참고해야 한다는 것은 당연지시일 것이다. 사실 그 동안에 출간된 루터에 대한 전기의 양은 책장 하나를 족히 채우고도 넘칠 만큼 많기 때문에, 학문적으로 신뢰 가능한 전기들을 분별하여 활용할 수 있어야 한다.[27] 최초의 루터 전기를 쓴 사람은 필립 멜랑히톤(Philip Melachton,

1497-1560)이었다. 1546년에 멜랑히톤은 『루터의 생애』*Vita Lutheri*를 출간했으며, 1565년에는 루터의 제자 마테시우스 Mathesius가 쓴 전기 또한 출간되었다. 그리고 그 사이 1549년엔 가톨릭의 요하네스 코크라이우스의 비판적인 루터 전기가 출간되기도 했다.[28] 19세기에 나온 전기들 가운데 가장 탁월한 전기로 인정받은 것은 율리우스 쾨스틀린(Julius Köstlin, 1826-1902)이 쓴 전기이다.[29] 또한 필립 샤프의 교회사전집 7권인 『독일종교개혁』도 빠트릴 수 없는 탁월한 전기적 연구서라고 할 수가 있다.[30]

바이마르전집 간행과 루터 르네상스의 여파로 20세기의 루터 연구는 많은 발전을 이루었고, 그 결과물이 산더미처럼 누적되어 왔다. 루터에 대한 전기적 연구도 예외가 아니다. 필자는 모든 전기들을 일일이 검토하여 평가할 역량도 안되거니와 한 사람이 다 검토할 수 있는 것도 아니기에 주요한 전기들 몇 권만 소개하기로 하겠다. 1950년에 처음 간행되어 대중적인 인기를 누렸던 예일대학 교수였던 롤런드 베인톤의 *Here I Stand* (1950, 1977)와 중세후기와 종교개혁에 대한 눈부신 업적을 남기고 학파를 이룬 헤이꼬 오버만의 『하나님과 인간 사이에 선 루터』를 먼저 언급할 수 있겠다.[31] 영어로 출간된 전기 가운데는 랭카스터 대학의 은퇴교수인 마이클 뮬

렛Michael A. Mullett, 프린스턴신학교의 은퇴 교회사 교수인 스캇 헨드릭스Scott Hendrix, 현재 옥스퍼드대학교의 역사학 교수인 린덜 로우퍼Lyndal Roper 등의 전기가 호평을 받고 있다.[32] 특히 로우퍼의 전기는 교회사가나 신학자가 아니라 일반 역사가가 쓴 루터 전기라는 점에서 독특하다.[33] 또한 옥스퍼드 대학의 알리스터 맥그라스가 쓴 『루터의 십자가 신학』도 주목할 필요가 있는데, 1509-1519 어간의 루터의 신학적 발전과정 내지 혁파breakthrough에 대해 논구한 지성적 전기라고 할 수가 있다.[34]

독일어권에서 나온 수 많은 전기들 가운데 2차 대전 이후 현재까지의 전기들 가운데 몇 권을 꼽아보면 에얼랑겐대학 교수였던 발터 폰 뢰베니히Walther von Loewenich를 필두로 하여, 함부르크대학의 루터전문가였던 베른하르트 로제Bernhard Lohse, 뮌헨대학 교수였던 라인하르트 슈바르츠Reinhard Schwarz, 현재 뮌스터대학의 종교개혁사 교수인 알브레히트 보이텔Albrecht Beutel, 린덜 로우퍼처럼 근대 유럽 역사가인 하인츠 쉴링Heinz Schilling 등이 쓴 전기들이 있다.[35] 그 외에도 괴팅엔대학 교수로 재직중인 토마스 카우프만의 소책자, 니체 전공자이자 작가인 요아킴 쾰러Joachim Köhler와 저널리스트로서 벤 비터 상(Ben-Witter-Preis, 2010)과 오토 브렌너 상Otto-Brenner-Preis을 수상한 바 있는 빌리 빈클러Willi Winkler 등의 최신 전기들이 있다.[36] 종교개혁 500주년을 주변하여 이미 몇 권의 전기들이 간행되었고, 더 출간될 전망이지만, 현재까지 독일어권에서 나온 최상의 학문적인 전기는 뮌스터대학의 은퇴교수인 마르틴 브레히트Martin Brecht가 쓴 3부작 루터 전기이다.[37] 독일이 통일되기 전인 30년 전에 완간된 전기임에도 불구하고 현금의 루터학자들 조차도 브레히트의 3부작을 최상의 전기로 간주하고 있는 형편이다.[38]

화란어로 쓰여진 최근의 전기로는 아뻴도오른 신학대학의 교회사 교수이자 국제칼빈학회 회장인 헤르만 셀더르하위스Herman J. Selderhuis가 쓴 『루터: 한 사람이 하나님을 추구하다』*Luther : een mens zoekt God*라는 전기이다.[39] 셀더르하위스는 주로 루터의 서신이나 탁상담화 등 루터의 원전들에 의지하여 전기를 기술했으며, 명료한 필치로 썼기 때문에 루터에 대한 입문서로 최적의 조건을 가지고 있다. 더욱이 루터에 대한 연구가 대부분 루터파 소속 학자들에 의해서 이루어진 것을 감안할 때, 루터파가 아닌 로우퍼, 오버만, 맥그라스, 헨드릭스 등과 더불어 셀더르하위스의 전기는 개혁주의자들에게 관점상 동질성을 느끼게 만든다. 또한 최근에 번역된 루시앵 페브르의 『마르틴 루터 한 인간의 운명』이나[40] 루터의 바르트부르크Wartburg성에서의 체류 기간(1521-1522)을 잘 포착하여 다룬 제임스 레스턴의 『루터의 밧모섬』도 유익하다.[41] 한국학자가 쓴 루터 전기 혹은 평전으로는 지원용, 김주한, 김용주의 연구서를 참고할 필요가 있다.[42] 일반 독자들을 위해서 루터와 그 시대적 배경을 이해하는데 도움이 될 만한 또 다른 자료로는 유럽종교개혁 아틀라스, 루터와 관련된 지역 여행 안내서, 루터 관련 영화나 유튜브에 공개된 자료 영상들 등을 언급하고 싶다.[43]

II. 마르틴 루터의 생애

1. 초기 루터의 삶과 주요 저술(1483-1522)

마르틴 루터의 생애의 첫 시기는 아이슬레벤에서에 출생하여 몇 곳에서 교육을 받은 이야기와 아우구스티누스 수도회 수도사로 가입하여 활동한 일과 1517년 10월 31일 면죄부를 반대하여 95개 논제를 비텐베르크 성교회 문에 게시한 사건으로 시작된 종교개혁자로서 초기 활동 시기이다. 먼저 연표를 통해 초기 루터의 생애의 주요 요점들과 주요 저술들을 확인해 보도록 하겠다.

초기 루터 연표(1483–1522)

1483.11.10. 독일 작센주 아이슬레벤(Eisleben)에서 출생.

1484-1497 만스펠트(Mansfeld)에서 초등교육 받음

1497 막데부르크(Magdeburg)

1498-1501 아이제나흐(Eisenach)에서 교육 받음

1501-1505 에어푸르트(Erfurt)대학에서 교양교육 받고 문학석사 학위 취득.

1505초 에어푸르트에서 법학 공부시작했으나, 7월 2일 수도사가 되기로 서약하고, 7월 18일 에어푸르트 소재 아우구스티누스 은자 수도원에 입회함.

1507 로마교회 사제로 서품받고 첫 미사 집전

1508 요한 슈타우피츠의 명에 의해 비텐베르크(Wittenberg)대학에 가서 신학공부 시작 동시에 아리스텔레스 철학 강의

1510-11 수도회 일로 로마방문

1512.10.18.-19. 비텐베르크대학에서 신학박사 학위 취득

1513 비텐베르크대학 신학부에서 성서학교수로 사역 시작

1515-1518 아우구스티누스 수도회 작센교구 부지도자

1517.10.31. 면죄부에 반대하는 95개조를 비텐베르크 성교회(Schloßkirche) 북문에 게시

1518.4. 하이델베르크에서 열린 아우구스티누스회의에서 토론문 제시(40개조)

1518.10. 아우크스부르크(Augsburg)에서 카예타누스 추기경 접견하고, 화해 제의 거절

1519.6-7월 라이프치히(Leipzig)에서 잉골슈타트의 교수인 요하네스 에크와의 논쟁, 그의 동료 칼슈타트도 동참.
1520 루터는 하루에 7회씩 기도하던 종단의 규정에서 자신을 자유롭게 만들고 주요 종교개혁 논문들을 쓰다. 6월 15일 교황 레오 10세의 파문장 발령, 동년 12월 10일 비텐베르크 성문에서 파문장과 교회법령집을 공개적으로 불태워버리다.
1521.4.17.-18. 보름스에서 개최된 제국회의에 참석하여 자신의 저술을 취소하지 않겠다고 답변하여, 제국시민권까지 박탈당하다.
1521.5-1522.2 작센 선제후 프리드리히 현공의 조치에 의해서 바르트부르크(Wartburg) 성에서 숨어지내면서, 독일어로 신약성경 번역하다.

1.1. 루터의 출생과 수도원 입회전까지

마르틴 루터는 1483년 11월 10일 독일 아이슬레벤Eisleben에서 한스 루터와 마르가르테 루터 부부의 아들로 출생하였는데, 그의 아버지 한스 루더(Hans Luder, 원래 가족 이름이 루더였다)는 광산업에 성공하여 소자본가가 된 사람이었다. 훗날 마르틴 루터의 어록 가운데 "나는 농부의 아들이고 아버지, 할아버지, 조상들은 농부였다"라고 한 내용은 일면 맞고, 일면 틀렸다고 할 수가 있다.[44] 그의 조상들이 농부 출신인 것은 맞으나 아버지 한스 루더는 광산업(제련업)에 뛰어 들어 나름 성공한 인물이었기 때문이다. 루터의 생장과정의 가정 경제는 그렇게 가난하고 비참한 정도는 아니었음이 틀림없다.[45] 한스는 루터가 태어난 이듬해인 1484년에 사업상 만스펠트Mansfeld로 이사를 했고, 어린 마르틴은 만스펠트에서 자라게 된다. 그의 아버지 한스는 자수성가한 자신과 달리 아들 마르틴이 사회적으로 인정받고 돈 잘 버는 직업인 법률가 되는 것을 원하여 그의 교육에 신경을 무척이나 썼다. 이미 어린 시절 만스펠트에서 초급 과정의 교육을 받았고, 1497년엔 막데부르크Magdeburg로 보내어 교육을 받게 했으며, 1498-1501년 어간에는 아이제나흐Eisenach에 있는 라틴어 학교에서 교육을 받게 했다.

그렇게 라틴어 교육을 중심으로 하는 기초 교육을 받은 루터는 1501년에 에어푸르트Erfurt 대학에 진학하게 된다. 루터가 처음에 이수하게 된 과정은 상급 학문(신학, 법학, 의학)을 배우기 전에 반드시 통과해야 하는 예과 과정이었다. 적어도 3학기는 공부해야 학사 학위를 받을 수 있다는 에어푸르트 대학 규정에 의거하여 루터는 1502년에 학사학위를 취득했고, 계속해서 석사과정을 이수했다. 루터가 에어프루트대학에서 어떤 과정을 이수했는지 카우프만이 제시해주는 대학 규칙을 보도록 하겠다.

에어푸르트대학 규칙을 보면 학사 졸업시험을 3학기 이후에 치를 수가 있는데, 이를 위해서는 아리스토텔레스의 문헌을 바탕으로 문법, 논리학, 자연철학 수업을 들어야 했다. 석사는 아무리 빨리 해도 4년 후에야 졸업할 수 있었고, 이를 위해서는 수학, 산술, 천문학, 형이상학, 윤리학에 정치와 경제와 개별적인 사회철학 내용까지 수료해야만 했다. 철학 과목은 신학과 인접한 방대한 지식을 포함하는데, 루터는 이 수업을 통해 논리적으로 사용되는 언어와 논쟁에 필요한 기본적인 기술과 논리 등을 배웠다. 이렇게 기르게 된 능력을 루터는 평생 동안 사용하였다.[46]

루터가 윌리엄 사람 오컴의 유명론*via moderna*을 접하게 된 것도 에어푸르트시절이었다.[47] 루터는 이러한 교육 과정을 거쳐 1505년 1월 7일에는 문학석사*Magister Artium* 학위를 취득하게 된다.[48] 앞서도 말한 것처럼 루터가 거친 학사와 석사 학위 과정은 법학, 의학, 또는 신학의 상급 과정을 공부하기 위해서는 필수적으로 거쳐야 되는 교양 예과 과정에 해당했다. 그리고 당시 대학 공부를 하기 위해서는 한스 루터와 같은 사업가가 감당하기에도 버거울 정도의 경제적 지원이 필요했었다는 점을 기억해야 한다. 같은 해 5월에 루터는 아버지의 소원에 따라 드디어 법학부에 등록을 하게 됨과 동시에 조교도 되는데,[49] 한스 루터는 너무나 감격한 나머지 장차 법률가가 될 자랑스러운 아들을 대하여 '루터씨'Herr Luther라고 경칭을 쓰기까지 하였다.[50] 그리고 비싼 등록금 뿐 아니라 당시로서는 값비싼 법률책이나 법학교과서를 사주기도 했다.

1.2. 모범적인 수도사의 영적인 고투

그러나 루터의 인생에 뜻하지 않은 충격적인 경험이 그를 기다리고 있었다. 1505년 7월 2일 만스펠트의 집을 방문하고 다시금 에어푸르트로 돌아오던 루터는 에어푸르트에서 6킬로미터 떨어진 슈토테른하임Stotternheim에서 갑작스러운 천둥 번개를 만나게 되고, 그러한 위급한 상황에서 루터는 "성 안나여 살려주소서. 저는 수도사가 되겠나이다"라고 서원기도를 하는 일이 발생하게 된다.[51] 루터의 수도사 서원은 급작스럽게 이루어진 것이지만, 보름 정도의 숙고의 시간을 가지면서 실행을 하기에 이른다. 그는 그 소식을 들으면 실망할 것이 뻔한 아버지에게는 사실을 알리지도 않은채, 비싼 법학교과서들을 다른 동료에게 기증해 버린 후 7월 17일 에어푸르트에 소재한 아우구스티누스회 은자 수도회에 가입하여 버린다.[52] 루터의 이러한 수도원 가입의 원인이 무엇이었을까에 대한 학자들의 해명들이 존재한다. 적어도 루터가 젊은이의 객기나 일시적인 감흥에 따라 그런 결단을 실행한 것이 아니라는 점은 분명하다. 카우프만은 "내적으로 느낀 절대자의 위엄이나 외적으로 느낀 죽음의 공포가 각각 따로 분리되어 그에게 영향을 끼친 것이 아니라, 이 두 가지가 동시에 루터의 삶에 변화를 일으"킨 것이라고 해명하고,[53] 김용주는 루터의 수도원 결행의 한 이유로 "마음 속에 늘 살아 있었던 죽음의 공포로 인하여 생기는 좌절과 절망을 극복하기 위한 방편"이었다는 점을 지적한다.[54] 슈바르츠는 루터가 에어푸르트의 여러 수도회 가운데 아우구스티누스회 수도회를 선택한 이유에 대해 "같은 교단의 개혁진영에 속했고, 에어푸르트와 대학에서 특별히 좋은 영적인 명성을 얻었기 때문"이라고 추정했다.[55] 또한 당시에 수도사가 된다고 하는 것이 무엇을 의미하는지에 대해서도 "자신의 소망을 포기하고, 수도원의 규정과 원장에 뜻에 복종"하는 삶을 사는 것을 의미한다고 간결하게 제시해준다.[56]

그러면 수도원에 들어간 후에 루터가 거쳐야 했던, 혹은 거치게 되는 과정은 어떠하였을까? 수도원장의 공식적인 입회 허락을 받은 후에, 루터는 관례대로 "수도원 입교를 축하하는 행사에서 머리 중앙부를 삭발했고, 검은색의 수도원 복장을 착용"하게 된후 1년간의 예비 수도사 과정을 거치고 난 후에 "장엄한 수도사 서원식"을 통해 정식 수도사로 받아들여지게 된다.[57] 수도원장은 그에게 사제 서품을 받을 것을 결정해 주었고, 1507년 초에 로마교회 사제로 서품을 받게 된다. 1507년 5월 2일에 그는 첫 미사를 집전하게 되는데, 이 때에 아버지 한스는 20여명의 사람들과 함께 동참했고 수도원에 20굴덴의 거금을 기부하기도 했다. 그러나 한스는 수도사이자 사제가 된 아들에 대해 영 못마땅하게 생각하고 있었고 불편함을 감추지 않았다.[58] 한편 수도사와 사제로서 루터는 하루 7번의 기도시간에 참여하여 "아베마리아와 25번의 주기도문을 낭독"해야 하는 기도 시간을 엄수했고,[59] 철저한 자기 탐색과 보속*satisfactio*을 요구하는 고해성사에 누구보다도 열심을 내었다.[60] 후일 그가 고백하는 대로 그는 누구보다도 열심있는 수도사였다. 그는 후일에 다음과 같이 고백하였다.

> 저는 정말로 경건한 수도자였고 교단의 규칙을 엄격하게 지켰습니다. 수도자는 수도 사였어. 내 종단의 규칙을 어찌나 꼼꼼하게 지켰던지 그놈의 수도원 생활로 수도사가 하늘 나라에 갈 수 있다면, 그건 바로 나를 두고 한 말일거라는 자화자찬까지 늘어 놓을 정도였으니까? 그 때 나와 함께 수도원에 있던 형제들은 이

사실이 정말이라고 말해줄거야. 아마 그 일을 더 이상 계속했더라면 철야, 기도, 독서 그리고 다른 일로 죽고 말았을 거야[61]

하지만 그가 노력하면 노력할수록 하나님을 기쁘시게 하는 것과는 멀어지는 자신의 무력함을 그는 경험하게 되었다. 하나님은 항상 기준에 차지 않는다는 듯이 진노하시는 모습으로 그에게 다가왔다. 노력해도 해도 되지 않으니 마침내는 하지도 못하는 수준을 요구하는 하나님을 증오하기에 이르기도 한다. 사실 루터가 수도사가 된 것은 하나님을 기쁘시게 할 완전함에 도달하여 자기의 영혼을 구원하기 위해서 였다. "내가 어떻게 하면 은혜로우신 하나님을 발견할 수 있는가?" Wie kriege Ich einen gnädigen Gott? 이와 같은 탄식을 하면서 그는 누구보다도 엄격하게 금욕생활을 했었지만, 마음의 평화를 찾을 수가 없었다.

바로 그와 같은 때에 루터를 도와준 은인은 아우구스티누스 수도회의 독일관구장인 요한네스 폰 슈타우피츠(Johannes von Staupitz 1460?-1520)였다. 작센의 귀족 출신인 폰 슈타우피츠는 "타울러와 토마스 아 켐피스에 의해 대표되는 실천적 신비주의 또는 가톨릭 경건주의에 속한 사람"이었다. 그가 루터에게 어떠한 영향을 미쳤는지에 대해 샤프는 다음과 같이 정확하게 설명해 준다.

> 슈타우피츠는 루터의 정신적 아버지이자 처음으로 복음의 빛을 루터의 어두운 가슴에 비추었던 사람이다. 루터로 하여금 자신의 죄에서 눈을 돌려 그리스도의 공로를 바라보게 하였고, 율법에서 십자가로, 공로에서 믿음으로, 학문주의에서 성서로, 그리고 아우구스티누스와 타울러를 연구할 수 있도록 인도했다. 루터는 그를 통해 참된 회개는 자기가 부여한 고행과 징벌에 있지 않고, 변화된 마음으로 그리스도의 희생에 대한 성찰로부터 얻어지는 것이어야 함을, 그리고 거기에 하나님의 영원한 비밀이 나타나 있음을 배웠다. 또한 슈타우피츠는 하나님은 이 시련과 유혹을 뒤집어 엎으셔서 루터가 훗날 교회를 위해 귀하게 쓰임받게 될 것임을 예언적으로 그에게 확신시켜 주었다.[62]

지나치게 금욕적이고 자기 내성적인 루터를 돕기 위해서 아우구스티누스의 글과 신약성경을 읽을 것을 권한 사람도 폰 슈타우피츠였다.[63] 또한 루터로 하여금 사제가 되게 하고, 에어푸르트에서 신학 공부를 시작하게 한 것도 그였다. 루터는 그의 명에 따라 1509년 성서학사가 되고, 중세의 유명한 조직신학 교본중 하나인 롬바르두스의 명제집*Sententiarum*

*Libri IV*을 강의할 수 있는 조직신학 학위들도 취득하게 된다.[64] 이에 앞서 1508년 가을에서 1509년 가을까지는 작센 선제후였던 프리드리히 현공(Friedrich der Weise, 1463-1525)이 1502년에 자신의 두 번째 궁전이 있던 비텐베르크에 설립한 신생대학에서 아리스토텔레스 윤리학을 가르치기도 했다.[65] 이 또한 폰 슈타우피츠의 명에 따른 것으로, 루터는 비텐베르크에 소재한 아우구스티누스 수도회에 살면서 윤리학 강의를 함과 동시에 신학 공부를 계속하였다. 루터의 신학 공부는 에어푸르트와 비텐베르크를 교차하면서 진행되었고, 수도원 명에 따라 로마를 방문해야 했던 기간인 1510년 가을부터 1511년 늦여름까지는 중단되기도 했다.[66] 그러나 지속적인 연구를 진행한 루터는 마침내 1512년 10월 18일과 19일에 비텐베르크 대학에서 신학박사 학위를 취득하게 된다.[67]

1.3. 루터의 복음적인 혁파(evangelical breakthrough)

루터가 신학박사 학위를 취득한 이후로 루터와 비텐베르크는 뗄려야 뗄 수 없는 관계를 가지게 된다. 비텐베르크 대학에서 박사학위를 받은 루터는 동 대학 신학부에서 자기가 속한 수도원이 확보하고 있던 교수직에 취임하게 되어 1546년 소천 받을 때 까지 약 33년간 성서학 교수*Lectura in Biblia*

로 재직하게 되기 때문이다.[68] 이미 폰 슈타우피츠의 권면에 따라 성경을 열심히 읽고 연구했던 루터는 자신의 소임에 따라 성경을 깊히 천착(穿鑿)하는 일에 몰두하게 된다. 그가 처음 시작한 것은 시편강의였고(1513-15, *Dictata super Psalterium*),[69] 이어서 로마서(1515-16),[70] 갈라디아서(1516-17)[71]와 히브리서(1517-18)[72] 등에 대한 연속적인 주석 강의를 하였다. 루터는 이 과정에서 당시대의 인문주의자들의 방법과 연구물들을 크게 의존하였다.[73] 루터는 이 시절에 얼마나 성경을 많이 읽었든지 줄줄 외울 정도가 되었다고 고백하였다.[74] 루터의 종교개혁적인 사상이 배태되고 싹이 나게 된 것은 바로 이와 같은 일련의 성서강해를 함으로써 비롯되었다. 루터는 금욕 고행으로도 이룰 수 없었던 구원의 확신을 성경을 연구함을 통하여서 발견하게 되었다. 다르게 표현하자면 그것은 복음의 재발견이었다.

위에서 말했듯이 루터는 시편강의를 거쳐 바울 서신 가운데 로마서와 갈라디아서를 강의하는 데 집중하면서, 바울의 복음을 재발견하게 된다. 루터는 죽기 1년 전에 간행한 자신의 라틴어 저작 서문에서(1545) 자신이 1515-16어간에 바울의 로마서를 연구하면서 어떻게 복음의 재발견에 이르게 되었는가에 대해서 비교적 자세하게 묘사한다.[75] 루터는 무엇보다도 로마서 1장 17의 "복음에는 하나님의 의가 나타나서"라고 하는 구절 때문에 많이 고투하였다고 말한다.

> 나는 하나님의 의라고 하는 단어를 미워하였기 때문이다. 모든 교사들의 용법과 관습에 따라 나는 이 단어를 그들이 부르는 바 형성적 또는 능동적 의를 의미하는 것으로 철학적으로 이해하도록 가르침을 받았기 때문이다. 하나님은 이런 식으로 의로우시며, 불의한 죄인을 벌하신다는 것이다.[76]

즉, 루터가 가진 선입관으로는 하나님의 의라고 하면 우리의 행한대로 공평하게 상벌하시는 하나님의 공평성fairness이라는 성품으로 이해되었던 것이다. 수도사로서 그토록 열성을 다하여서 하나님의 뜻을 이루어보려는 그의 고행에도 불구하고 언제나 그의 마음속에는 하나님의 기준에 못 미치는 것을 경험하게 되었던 그였으니, 이 얼마나 가혹한 단어로 여겨졌겠는가!

> 그럼에도 불구하고 나는 바울의 그 말씀에 끈덕지게 매달렸고 아주 열렬히 성 바울이 원하는 것을 알고자 하였다. 마침내 하나님의 자비로 밤낮으로 묵상하는 가운데 나는 단어들이 나오

는 문맥에 주의를 기울였다. '하나님의 의가 나타나서… 기록된 바 오직 의인은 믿음으로 말미암아 살리라 함과 같으니라.' 거기서 나는 하나님의 의는 이 의에 의하여 의인이 하나님의 선물 즉 믿음으로 말미암아 살아가는 바 그 의라는 것을 이해하기 시작하였다. 그리고 그것은 이런 의미이다: 하나님의 의는 복음에 계시된 바, 즉 자비로우신 하나님이 믿음으로 말미암아 우리를 의롭다고 하시는 바 수동적인 의에 의해 드러나는데, 기록된 바 '오직 의인은 믿음으로 말미암아 살리라.' 여기서 나는 내가 완전히 새로 거듭나서 열린 문들을 통하여 낙원으로 들어가는 것을 느꼈다. 거기에서 성경 전체의 전혀 다른 면모가 내게 보여졌다. 그러면서 나는 성경을 기억속에서 꿰뚫으면서, 성경의 다른 용어들 속에서 유비를 발견하였다. 하나님이 우리 속에서 하시는 것으로서의 하나님의 역사, 그가 우리를 강하게 만드시는 것으로서의 하나님의 권능, 그가 우리를 지혜롭게 하는 것으로서의 하나님의 지혜, 하나님의 힘, 하나님의 구원, 하나님의 영광 등. 그리고 나는 하나님의 의라는 단어를 이전에 미워하였던 것 만큼이나 이제 사랑으로 나의 가장 달콤한 단어로 찬양하게 되었다. 이렇게 해서 바울의 바로 그 구절은 내게 진정으로 낙원으로 들어가는 문이 되었다.[77]

루터가 속한 아우구스티누스 수도회의 선배들 중에는 사람이 의롭다 함을 받기 위해서는 우선 "자신 안에 있는 최선을 다하는 것이 필요하다"*facere quod in se est, to do what is in one's self*고 가르쳤다.[78] 열심히 힘쓰고 애쓰다 보면 하나님도 긍휼이 여기신다는 논리였다. 하지만 루터는 그와 같은 방식으로는 결코 구원의 확신에 이르지 못한다는 것을 자신의 극단적인 수도생활을 통하여 체득하였다. 이제 그가 발견한 복음에 의하자면, 자비로우신 하나님이 죄인들이 자신의 힘만으로는 결코 획득할 수 없는 것(의와 구원)을 그들에게 값없이 주신다는 것이다.[79] 이제 루터는 중세말의 여러 가지 행위구원론적인 이설들을 뛰어넘어서 1000년 전에 은총의 신학자인 아우구스티누스의 은총론에로 직접 돌아가게 되었다. 루터의 복음적 신앙의 재발견이 아우구스티누스 수도원의 한 탑에서의 체험Türmererlebnis라고 하는 전통, 루터가 칭의의 복음을 발견한 시기가 언제인지, 일순간적인지 아니면 수 년에 걸친 과정이었는지에 대한 학자들의 논쟁이 지금까지도 진행중이다.[80]

1.4. 면죄부 논쟁에서 바르트부르크 성에 이르기까지(1517–1522)

(1) 면죄부를 비판하는 95개조 논제(1517)

개신교 종교개혁 500주년은 1517년 10월 31일을 기준으로 해서 기념되어지는 것인데, 전통적으로 우리는 루터가 로마교회의 면죄부*indulgentia*[81] 판매를 비판하는 95개 논제를 비텐베르크 성교회Schloßkirche 문에 못질하여 게시한 날이라고 간주되어 왔다.[82] 그러나 로마교학자인 이절로Erwin Iserloh는 그러한 일반적인 상식에 대해 비판을 제기하면서, 그러한 사건은 그날에 일어나지 않았다라고 주장했다. 이절로의 논거는 그 게시 사건에 대해 증언하는 사람이 멜랑히톤인데, 멜랑히톤은 1518년에야 비텐베르크에 부임했기 때문에 목격자가 아니라는 것이다.[83] 그럼에도 불구하고 일반적으로 학자들은 1517년 10월 31일에 루터가 95개 논제를 게시하여 공개적인 토론을 요청하였을 것이라고 본다. 루터는 같은 날에 두 명의 교회 지도자들에게 95개 논제를 담은 편지를 보내기도 했다는 것은 확실한 사실이다.[84] 또한 로우퍼의 말대로 95개 논제 게시 사건이 실화이든 전설이든 중요한 것은 동일한 시기에 95개 논제는 인쇄가 되어 삽시간에 독일 전역에 유포가 되어 종교개혁의 발화점이 되었다는 것이다.[85]

95개 논제[86]의 배경을 잠깐 주목해 보자. 교황과 푸거라는 은행가와 알베르트라는 고위성직자(막데부르크와 마인츠의 대주교) 등이 야합하여 면죄부를 발행하기로 하고, 도미니칸 수도사인 요한네스 테첼(Johannes Tetzel, 1460-1519)이 그 면죄부를 대중들에게 판매하고 다니다가 작센 공국에 까지 와서 면죄부를 사도록 선동했고,[87] 이에 비텐베르크 사람들까지 그 면죄부를 몰래 사오는 일이 발생한 것을 알게 되었기 때문에, 루터는 면죄부 판매의 문제점에 대해 공개적인 토론을 요청하는 95개조를 작성하여 성교회 문에 못을 박아 게시하게 된 것이다.[88] 사실 루터가 공개적 토론을 요청한 것은 당시 학자들 사이에 통용되던 의사소통의 방식이지 "전혀 새로운 혁명적인 방식"이 아니었다. 그리고 면죄부의 남용과 오용에 대해 비판한 내용들도 그를 "이단으로 정죄할 만큼 과격한 내용"도 거의 담고 있지 않았다고 할 수가 있다.[89] 95개조를 통해 루터는 면죄부 자체를 공격한 것이 아니라 면죄부의 남용 즉, 돈을 받고 면죄부를 판매하는 것에 대해 비판을 제기했으며, 연옥의 존재나 교황의 권위에 대해 공격하지 않았고, 더욱이 교회 분열을 의도하지도 않았다.[90]

95개 논제의 핵심은 여러 학자들이 인정하듯이 제1조항에 담긴 회개에 있었다.[91] 1조에서 루터는 다음과 같이 선언한다.

우리들의 주님이시며 선생이신 그리스도께서 회개하라(마 4:17)고 말씀하셨는데 이는 신자들의 전 생애가 참회가 되어야 한다는 것을 의미한다(*Dominus et magister noster Iesus Christus dicendo 'Penitentiam agite'[Matth. 4,17] omnem vitam fidelium penitentiam esse voluit*).[92]

지면제한상 95개 논제에 대한 자세한 논의는 할 수가 없고, 95개조 전체가 어떤 구조로 구성되어 있는지를 확인하는 선에서 만족하고자 한다. 1518년에 루터 스스로 『95개조 논제 해설』*Resolutiones disputationum de indulgentiarum virtute*을 출간한 것이 있는데, 95개 논제 이해를 위해서는 반드시 참고해야 할 자료이기도 하다.[93] 김용주가 제시한 95개 논제 구조 분석을 참고하는 것이 유익할 것이라 사료된다.[94]

1항–7항. 논제의 핵심 주제인 회개를 다룸

8항–29항. 죽은 자를 위한 면죄부와 그 전제가 되는 연옥에 대한 교황의 권세에 대해

30항–40항. 산 자들을 위한 면죄부에 대해

41항–52항. 면죄부와 이것을 사서 베드로 성당 건축 기금을 내는 것돠 다른 선한 행위들을 비교하며 면죄부에 대한 신앙은 헛된

것임을 선언

53항–80항. 면죄부에 대한 설교와 복음에 대한 설교 비교.

(56항–68항). 교회의 보물에 대해

(69항–80항). 면죄부 설교가들의 허황된 꿈들에 대한 비판

81항–91항. 영혼을 사랑하는 교황이나 감독들이 진정으로 해야 할 일

92항–95항. 의롭게 된 신자들이 이 땅 위에서 무엇을 하며 살아야 할지에 대해[95]

면죄부의 남용에 대한 공개적인 토론을 원했을 뿐인 루터의 학자적 소망과 달리 95개 논제는 독일어로 번역되어 14일 만에 독일 전역으로 퍼져 나갔다.[96] 개혁을 바라던 독일인들의 가슴에 불을 질렀고, 95개 논제로 인해 일어난 소동은 결국 로마교황청에 까지 전달되고 만다. 필립 샤프는 95개 논제가 일으킨 뜻하지 않았던 후속 결과에 대해 잘 묘사해 준다.

면죄부의 남용을 공격함으로써 루터는 본인도 모르는 사이에 중세 가톨릭의 힘줄을 끊어버린 셈이 되었고, 믿음을 의미하는 더 깊은 회개를 통해, 그리고 참되고 유일한 용서의 원천으로서의 그리스도의 은혜의 세계로 죄인을 불러냄으로써 잠재되어

있던 복음주의적 개신교의 원칙들을 선포하였다. 그리고 루터는 작은 촛불을 켰는데, 그것은 그의 원래 의도를 훨씬 넘어서서 곧 퍼져나가게 되었다.[97]

(2) 하이델베르크 토론과 논제(1518)

95개조 논제로 인해 소란이 일어난 후 먼저 루터는 1518년 4월 26일 하이델베르크Heidelberg에서 개최된 아우구스티누스 수도회 총회에 참석하여 자신의 신학적 입장이 무엇인지를 동료 수도사들에게 밝히는 기회를 얻게 되었다. 비텐베르크에서 하이델베르크로 가는 길의 안전은 선제후 프리드리히 현공이 책임져 주었다. 동료 수사들 앞에서 루터는 28개항의 신학적인 논제와 12개의 철학적 논제를 발표했다.[98] 루터는 하이델베르크에서 면죄부에 대해 직접적으로 다루지는 않고, "신학의 전체적인 방향"에 대해 다루었다. 철학적으로는 아리스텔레스의 철학에 대한 비판이 강렬하게 표현되어졌고, 신학적으로는 "영광의 신학"*theologia gloriae*에 대비하여 "십자가의 신학"*theologia crucis*이라는 독특한 입장이 공표되어졌다.[99] 몇 가지 주요 명제들을 살펴본다.

19. 하나님의 보이지 않는 것들을 그 만드신 것들에 대한 인식

을 통해서 바라보는 사람(롬 1:20)은 신학자로 불릴 자격이 없다.
20. 그러나 고난과 십자가를 바라봄으로써 하나님의 보이는 것, 하나님의 '등'(출 33:23)을 인식하는 사람은 도리어 신학자로 불릴 자격이 있다.
21. '영광의 신학자'는 악을 선이라 부르고, 선을 악이라 부른다. '십자가의 신학자'는 사실 그대로 말한다.
28. 하나님의 사랑은 {사랑받을 만한 가치가 있는} 대상을 발견하는 것이 아니라, 도리어 {사랑할} 대상을 창조하신다. 인간의 사랑은 {사랑받을 만한 가치가 있는} 대상과 함께 시작한다.[100]

루터의 하이델베르크 논제 제시를 통해 여러 동료들의 마음을 얻게 되는데, 그 가운데 가장 유명한 이는 후일 스트라스부르의 개혁자가 될 마르틴 부처(Martin Bucer, 1491-1551)가 있었다. 부처는 후일 루터와 츠빙글리를 중재하려고 많은 노력을 기울이게 된다.[101]

(3) 아우크스부르크에서 카예타누스 추기경과의 면담(1518)

한편 로마교는 루터에 대한 법적 소송건을 진행시키고 있었다. 교황청은 이미 루터에 대해 "법적으로 공인된 이단"으로 판단하고, 어떻게든 그를 로마로 소환하여 조사 처리하려고 했으나, 루터나 선제후는 독일 안에서 문제가 다루어져야 한다고 고집했다. 그리하여 로마교황청 대사인 카예타누스(Cajetanus, 1469-1534)를 파견하여 아우크스부르크Augsburg에서 루터를 만나되 전권을 가지고 조사할 것을 명령하게 된다. 카예타누스의 소환에 응하여 루터는 아우크스부르크로 가서 1518년 10월 12일, 13일, 그리고 14일 세 번에 걸쳐 교황대사를 접견하게 된다. 카예타누스는 처음에는 부드러운 어투로 루터로 하여금 모든 잘못된 사상들을 철회하도록 회유하려고 시도했으나, 루터는 자신의 주장들이 성경에 근거하고 있기 때문에 철회할 수 없다고 답변한다. 이에 화가 난 카예타누스는 "가라! 철회하라. 그렇지 않을 경우 다시는 내 앞에 나타나지 말라!"는 말을 남기고 루터를 떠나가 버리게 된다.[102] 그리고 프리드리히 현공에게 루터를 그의 영지 작센 선제후령에서 추방하고 교황청에 신병을 인도할 것을 요청하지만, 거절당한다.[103] 1519년 1월에 막시밀리안 황제가 사망을 함으로 교황청으로서는 새로운 황제 선출권을 가진 - 또는 자신이 황제가 될 가능성 조차 가진 - 선제후 프리드리히 현공을 함부로 대할 수가 없게 된다.

(4) 요한네스 에크와의 라이프치히 논쟁(1519).[104]

1519년 6월 27일에서 7월 15일에 이르기까지 석 주간 게오르크Georg 공작이 통치하고 있던 작센 공국의 수도인 라이프치히Leipzig에서 루터측과 로마교 측 사이에 큰 토론이 벌어졌다. 루터와 칼슈타트(Andreas Bodenstein von Karlstadt, 1486-1541)가 비텐베르크로부터 와서 참여했고, 로마교 측에는 잉골슈타트의 교수였던 요한네스 에크(Johannes Eck, 1486-1543)가 논객으로 참여했다. 첫 번째 라운드에서는 에크와 칼슈타트가 자유의지 찬반을 놓고 논쟁을 벌였으나, 칼슈타트는 에크의 논적이 되지 못했다.[105]

루터와 에크의 논쟁이 이어졌는데, 주요 주제는 "교황의 권위와 교회의 무오성"에 대한 것이었다.[106] 교황이 "신적 권리에 의한 그리스도의 대리자임"을 주장하는 에크를 향하여 루터는 그런 주장은 성경, 교부, 니케아교회 회의에 의해서 증명 불가능하다고 맞받아쳤다. 논쟁 과정에서 루터는 보헤미아 종교개혁자 존 후스John Hus의 사상을 따르는 자라는 비판을 받게 된다. 이에 루터는 조심스럽게 접근했지만, 결국 콘스탄츠 공의회가 후스를 화형시킨 것은 잘못이라고 비판을 하게 된다. 라이프치히 논쟁을 통해 에크와 루터가 각기 어떤 권위위에 서 있는지가 분명해지게 되었다. 루터는 에크가 성경을 가벼이 여기는 것에 대해 비판하면서 자신은 "교부들에 대한 존경과 더불어 성경의 권위를 택하겠으며, 모든 중재자들도 그렇게 하기를" 소망했다.[107]

(5) 1520년– 교황의 파문 경고장을 불태워 버린 해.

토마스 카우프만은 1520년을 '환상적인 해' Wunderjahr라고 표현했다. 그리고 왜 그렇게 표현하는지를 다음과 같이 설명해준다:

> 교황의 파문령이 통과되지 않기를 바라는 기대와 더불어 자신의 저버릴 수 없는 믿음의 진실을 통해, 그에게는 영혼의 강건함과 학문적 능력이 더욱 더 생겨났다. 이 시기는 그의 인생에서 가장 많은 것을 이룬 시간이다.[108]

1520년에 일어난 가장 중요한 사건을 들라면 교황의 파문경고장*Exsurge Domine*이 1520년 6월 15일자로 공표된 것이다. 교황을 설득하여 이러한 파문경고장을 공표하게 하는데 있어서 카예타누스와 에크의 공이 컸다.[109] 경고장은 루터의 저술들 가운데 짜깁기 하여 41개 항목의 정죄 이유를 들었고, 루터에게 60일 이내에 그 주장들을 철회하지 않으면 파문한다라는 경고의 내용을 담고 있었다.[110] 이러한 파문경고장에 대한 루터의 결정적인 답변은 12월 10일에 동료들과 학생들이 보는 가운데 교황의 파문경고장과 교회 법전들(에크와 엠저의 저작들까지)을 불태운 것이었다.[111]

1520년은 저술의 측면에서 보더라도 획기적인 해가 되었다.[112] "루터의 방어 전술은 이제 팸플릿을 통한 전쟁(1520)으로 바뀌었다. 그는 소책자를 통해 자신에게 날아오는 비난들을 구체적으로 반박하고, 더 나아가 논적들의 핵심 사상을 비판한다."라고 김용주가 논평한 대로, 1520년 한 해 동안 루터는 많은 팸플릿들을 출판하였고, 그 가운데 『선행에 관하여』(5월)와 종교개혁적 3대 문서로 꼽히우는 『독일 크리스천 귀족에게 고함』(8월), 『교회의 바벨론 유수』(10월)와 레오 10세에게 헌정한 『그리스도인의 자유』(12월) 등이 유명하다.[113]

1) 5월에 출간된 『선행에 관하여』(*Von den guten Werken*)[114]에서 그는 오직 믿음 만이 죄인의 양심이 하나님 앞에서 신뢰하게 하고 의지를 거짓없는 이웃 사랑으로 해방시키기 때문에, 그리스도에 대한 믿음을 '모든 선행중에 최초의, 최고의, 가장 중요한 것'이라고 규정하였다. 그리고 나서 그는 정상적인 장사와 모든 직업이 본질적으로 선하다고 선언하고, 선행을 좁게 규정하여

오직 교회에서의 기도와 금식과 자선으로 한정시키는 사람을 비난하였다.

2) 8월에 출판된 『독일 크리스천 귀족에게 고함』(*An den christlichen Adel deutscher Nation von des christilichen Standes Besserung*)[115]속에서 루터는 이제 교황청의 보류였던 세 성벽이 무너졌다고 선언하였다. 첫째, 영적 지위가 세속적 지위보다 우월하다는 주장은 근거없는 것이다. 왜냐하면 모든 신자들은 세례로 인하여 다 사제이기 때문이다. 둘째, 이러한 만인제사장직의 진리는 또한 교황만이 성서해석권을 가지고 있다는 두 번째 성벽을 무너뜨린다. 셋째, 또한 교황이외에는 아무도 개혁 공의회를 소집할 수 없다는 세 번째 성벽도 무너뜨린다.

3) 10월에 출간된 『교회의 바벨론 유수』[116]를 통하여서는 가장 중요한 신학적 문제들 곧 성례전을 다루고 로마교회의 가르침을 거침없이 공격하였다. 가톨릭의 7성례론에 대항하여 세례와 성만찬 두 가지의 성례만 인정하였다.

4) 마지막으로 『그리스도인의 자유』(*Tractatus de libertate christiana; Von der Freiheit eines Christenmenschen*)[117]라는 교황에게 헌정된 글 속에서 그는 그리스도인의 실존의 역설을 진술하였다. "그리스도인은 모든 주인들 중에 가장 자유로운 주인이므로 누구에게도 예속되지 않는다. 그리스도인은 모든 종들 중에서 가장 의

무에 충실한 종이므로 모든 사람에게 예속되어 있다." 신자들은 믿음으로만 의롭게 되기 때문에 자유롭고, 더 이상 행위의 율법 아래 있지 아니하며, 그리스도와의 새로운 인격적 관계안에 있다. 신자들은 사랑에 의해 하나님의 뜻에 일치하게 삶을 영위해야 하고 이웃을 도우며 살아야 하므로 종인 것이다.[118]

(6) 보름스 제국회의(Der Wormser Reichstag, 1521년)

교황의 파문경고장을 불태워버린 루터를 신성로마제국의 황제 칼 5세[119]도 더 이상 방치할 수가 없게 되었다. 프리드리히 현공 덕분에 로마로 루터를 압송하라는 명령도 따를 수 없는 상황에서 황제는 독일 남서부 보름스Worms에서 열리는 제국회의Reichstag에 출두할 것을 명령했다.[120]

1521년 4월 17일과 18일 보름스에서 신성로마제국의 황제 칼 5세Karl V가 입회한 가운데 루터는 심문을 받았다.[121] 첫날에 루터는 황제에게 심사숙고할 시간을 달라고 청하여서 허락을 받았다. 둘째날 오후 6시에 시작된 심문은 잉골슈타트의 교수 요한네스 에크와 동명이인인 트리어에서 온 에크Eck가 주도하였다. 에크는 논쟁 끝에 루터에게 "이제 묻겠는데 마르틴, 솔직하고 숨김없이 대답하시오. 당신은 당신의 책들과 거기에 담겨 있는 잘못들을 포기하겠소, 포기하지 않겠

소?" 이에 루터는 너무나도 유명해진 대답을 하였다.[122]

> 여기서 나는 이렇게 대답했다.
>
> 그러면 침착하신 폐하와 각하들께서 간단한 대답을 구하기 때문에 뿔이 있지도 않고 이가 있지도 않은 방식으로 대답하겠습니다. 성서의 증거에 의해서나 아니면 분명한 이성에 의해서 나를 설복시키지 않는다면 (나는 단순히 교황이나 공의회만을 믿을 수 없기 때문입니다. 왜냐하면 그들이 종종 오류를 범했으며 스스로 모순되었음이 주지의 사실이기 때문입니다). 나는 내가 인용한 성서에 매여 있으며 내 양심은 하나님의 말씀에 사로 잡혀있습니다. 나는 아무 것도 철회할 수 없으며 또한 철회하지 않겠습니다. 왜냐하면 양심에 역행하는 것은 안전하지도 않고 올바르지도 않기 때문입니다.
>
> 나는 다르게 할 수 없습니다. 여기에 내가 서 있습니다. 하나님이 나를 도와 주시기를 빕니다. 아멘.[123]

이와 같이 용감한 루터의 대답에 대한 칼 5세의 답변은 1521년 5월 26일자로 서명된 보름스 칙령(Wormser Edikt)를 통해 주어졌다. 칙서에서 "루터를 수도사의 옷을 입은 악마라고 비난하면서, 이전과 지금의 이단자들을 전부 한 웅덩이에 불러 모았다며, 추방에 재추방을 선언"하였고, 또한 다음과 같은 내용들을 공표하였다.

루터의 모든 책을 태워버릴 것을 명령하고, 인쇄, 출판, 판매를 금지하고, 루터와 그 추종자들에게 도피처를 제공하는 것을 금지하였고, 행정장관들은 어디서 발견되든지 루터를 잡아 황제에게 넘겨 이단자에 합당한 형벌을 받게 하라고 하였다. 동시에 제국 내에서의 모든 출판 행위는 엄격한 검열을 받도록 했다.[124]

이제 루터는 로마가톨릭의 보호도 잃었고, 신성로마제국의 시민으로서의 권리조차도 다 박탈당하고 언제라도 누구라도 그를 신고하여 죽음에 이르도록 할 수가 있게 된 것이다. 하지만 프리드리히 현공은 이 칙서를 인정하지 않고 루터를 보호해 주었기 때문에 루터는 생명을 보존할 수가 있었다.[125]

우리는 보름스 제국회의에서의 루터의 항거가 가지는 교회사적 의의를 되새겨 볼 필요가 있는데, 필립 샤프의 다음과 같은 논평은 이 점에 정확하다고 할 것이다.

보름스에서 루터는 로마에 대한 항거의 절정에 섰다. 그가 펼쳐 온 사역의 부정적인 면이 보름스에서 완성되었다. 이곳에서 서방 기독교 세계를 지배해 온 교황청의 독재가 타파되었고, 양심이 해방되었으며, 교회가 신약 성경에 기초하여 재건될 수 있는

길이 열렸다. 이후에 루터가 로마를 겨냥하여 쓴 글들은 주로 보름스에서의 항거를 반복하고 재확인한 것이다.[126]

(7) 바르트부르크 성에서 신약성경 번역(1521–22)[127]

1521년 4월 26일 보름스를 떠나 신변안전의 약속도 없이 비텐베르크로 돌아오던 루터는 중도에 무명의 기사단에 의해서 피납당하여 갑작스레 사라져 버리게 된다. 알프레히트 뒤러 같은 이는 루터가 죽은 것으로 받아들였다.[128] 그러나 루터 납치 사건은 프리드리히 현공이 루터의 목숨을 보존하기 위해 사전에 준비시킨 것이었다. 선제후는 비텐베르크대학의 자랑거리인 루터박사를 잃고 싶은 마음이 전혀 없었던 것이다. 기사들에게 납치당한 루터가 당도하게 된 곳은 아이제나흐Eisenach가 내려다 보이는 언덕에 위치한 바르트부르크Wartburg 성이었다.

1521년 5월 4일에 바르트부르크 성에 당도한 그는 융커 외르거Junker Jörger라는 이름의 기사로 위장을 하고서 1522년 2월까지 머무르게 된다. 루터는 바르트부르크 성을 '밧모섬'이나 '광야'로 부르며 외로운 시간을 보내었고, 때때로 출몰하는 마귀Teufel와 전투를 치루기도 했다. 이에 따라 루터가 마귀를 향해 잉크 병을 벽에 던졌고 그 자국이 남아 있었다고 하는 전설이 생기도 했으나 단지 전설일 뿐이다.[129] 샤프는 "거의 11개월 동안 낭만적인 은거 생활을 하면서 휴식과 연구, 건강과 쇠약, 큰 포부와 깊은 절망을 오락가락했다."고 서술해 준다.[130] 참고할 만한 책도 별로 없던 바르트부르크 성에서 루터는 몇 개의 시편에 대한 주석, 고해성사 제도 비판, 마리아의 수태고지, 미사교리와 수도원 제도의 토대인 수도사 서약을 비판하는 글들을 저술했다. 또한 1521년 10월에는 면죄부 우상을 비판하는 글을 써서 선제후와 그의 비서인 슈팔라틴Georg Spalatin이 반대하는데도 불구하고 출판하고자 했다.[131] 그러나 바르트부르크 은둔 시절의 루터가 이룬 가장 큰 성과는 10주 만에 신약성경을 독일어로 번역한 것이었다.[132]

한편 루터가 사라진 후의 비텐베르크에서의 종교개혁은 칼슈타트와 같은 과격한 지도자들에 의해 급진적으로 선회하여 진행되었다. 루터는 선제후의 만류에도 불구하고 이를 바로 잡기 위해 2월 중순 바르트부르크 성을 떠나 1522년 3월 6일에 비텐베르크로 돌아오게 된다.[133]

2. 루터의 비텐베르크 귀환에서 아우크스부르크 신앙고백서 작성에 이르기까지(1522-1530)

루터는 1522년 3월에 다시 비텐베르크로 귀환하여 사역의 새로운 시기를 시작한다. 급진적인 종교개혁에 제동을 걸었고, 농민전쟁에 반대했으며, 결혼을 했고, 교회의 재건을 위한 다양한 사역을 진행했다. 그리고 1530년엔 코부르크Coburg 성에 장기간 체류하면서 아우크스부르크 신앙고백서*Confessio Augustana* 작성을 지휘한다. 루터 생애의 두 번째 시기는 이처럼 비텐베르크 성으로의 귀환에서 코부르크에서의 체류 기간까지를 포함한다. 루터의 첫 시기가 바르트부르크 성Burg의 체류로 끝을 내었듯이, 두 번째 시기 역시 코부르르크 성에 체류한 기간으로 한정해서 다루려고 한다. 먼저 이 시기에 일어났던 주요 사항들을 연표로 살펴보기로 하자.

루터 연표(1522-1530)

1522.3. 비텐베르크로 돌아와 사역 시작. 칼슈타트와의 결별
1522.9. 루터의 독일어 역 신약성서 출간(소위 9월의 성경)
1524-25 토마스 뮌처와의 논쟁, 농민전쟁의 발발과 비극적인 결말

1525.6.13. 전직 수녀였던 카타리나 폰 보라(Katharina von Bora)와 결혼

1525 가을. 인문주의자 에라스무스와의 저술 논쟁. 『노예의지』(*De Servo arbitrio*)출간

1525-1529 칼슈타트, 츠빙글리파와의 성찬 논쟁

1528 작센 선제후령 교회 시찰

1529년 초반 루터의 사상의 핵심을 담은 『대교리문답』과 『소교리문답』 출간

1529년 4월 19일 슈파이어(Speyer)에서 개최된 신성로마 제국회의에서 개신교(protestant)라는 말이 처음으로 생겨남

1529.10. 헤세의 필립공의 영지인 마르부르크에서 츠빙글리파와 회담을 했으나 합의에 실패.

1530.4.-10 코부르크 성에 장기 체류하면서 아우크스부르크 신앙고백서 작성 지휘.

2.1. 비텐베르크로 귀환하여 소요를 잠재우다

루터가 바르트부르크 성에 은거하며 지내던 시기의 비텐베르크 성의 종교개혁은 안드레아스 보덴스타인 혹은 칼슈타트(Andreas Rudolf Bodenstein von Karlstadt, 1486-1541)의 주도하에 과격한 쪽으로 급진전되었고 많은 혼란을 야기하였다.[134] 또한 유화적인 성격을 지닌 멜랑히톤의 힘만으로는 그러한 대세를 이길 수도 없었다.[135] 이러한 혼란상을 접한 루터

는 1521년 12월에 3일간 비밀리에 비텐베르크를 방문한 적도 있고, 『반란과 폭동을 경계하라는 모든 그리스도인들에 대한 진심의 경고』라는 글을 출판하기도 했다.[136] 그리고 마침내 선제후 프리드리히 현공의 만류에도 불구하고 그는 1522년 3월 6일에 비텐베르크로 다시 돌아오게 된다.[137] 3월 8일에 그를 따르던 몇 명의 목사들과 더불어 현안을 의논했고, 루터는 곧 바로 수난절 첫째 주간의 연속 설교를 떠맡기로 결단하고, 3월 9일-16일 사이 총 여덟 편의 설교를 전함으로 개혁자로서의 리더십을 회복하게 된다.[138] 지원용은 이 연속 설교의 결과에 대해 다음과 같이 잘 기술해준다.

> 강력한 영감을 갖고 복음을 설교한 이 훌륭한 설교는 거의 즉시 평안과 질서를 회복시키는데 영향을 주었다. 그가 한 일은 그의 회중을 광적인 열광으로부터 복음의 정신으로 다시 돌아오게 만드는 일과 그의 교인들을 동요시키던 물음들을 복음의 빛에 비추어 대답해 주는 일이었다.[139]

이러한 루터의 설교를 통해 비텐베르크는 다시금 안정을 찾게 된다. 그리고 교황이나 황제에 의해서는 죽어 없어져야 하는 이단자에 불과했지만, 루터는 자신의 수도원에 계속 거주하면서 아무런 방해 없이 강의와 설교 사역에 전념할 수 있게 되었다.[140] 1524년에 이르러 루터는 아우구스티누스 수도사 복을 벗어 던져 버리고, 선제후가 선사한 새로운 의복으로 갈아 입는다.[141]

2.2. 1524-1525년 -에라스무스와의 논쟁 그리고 농민전쟁

(1) 에라스무스와의 논쟁

로테르담 출신의 에라스무스(Erasmus, 1466-1536)는 종교개혁자들에게 헬라어 신약성경(1516년)이라고 하는 중요한 도구를 제공한 점 만으로도 중요한 기여를 했다고 할 수가 있다. 루터 역시도 로마서를 강해할 때(1515-1516)에 에라스무스 편집본을 즐겨 사용했다.[142] 에라스무스 역시 루터의 95개조 논제를 읽을 때만해도 루터에 대해 호의적이었다. 하지만 시간이 지나가면서 루터가 로마교에 의해 이단으로 낙인찍히고, 루터가 "호전적인 태도"를 강하게 드러내면서 루터와의 거리두기에 나선다. 그는 루터처럼 로마교회를 등지고 나갈 마음이 없고, 그 오래된 울타리 안에 머물러 있기를 원했다.[143]

1524년 9월에 이르러 에라스무스(Erasmus, 1466?-1536)는 『자유의지론』*De libero arbitrio*을 출간하여서 "인간의 의지가 노예 상태에 있다"거나 "인간의 전적 타락과 무능력"을 주장하는 루터의 인간론에 대해 비판하는 책을 썼다. 에라스무스는 자신의 논쟁적인 저서에서 종래의 펠라기우스주의자가 아니라 중세 후기부터 로마교의 공식적인 입장이 된 반 펠라기우스주의Semi-Pelagianism를 주장했다.[144]

이러한 도전에 맞서 루터는 1525년 12월에 노예의지론*De servo arbitrio*이라는 책을 출간하였다.[145] 세미 펠라기우스적인 에라스무스에 반대하며 루터는 인간의 의지가 "낙타와 같이 누가 타느냐에 따라 결정되는 노예 의지"라고 천명한다. 루터는 이 책에서 "하나님의 드러난 의지와 숨겨진 의지," "숨어 계신 하나님과 계시된 하나님" 개념을 공표하기도 했다.[146] 한편 하나님과의 관계에 있어서 부자유를 주장한 루터는 "세속적인 일들에 대해서만 인간은 결정의 자유를 가지고 있다"는 점을 인정했다.[147] 루이스 벌코프는 "학문적이고 교의적이기보다는 실천적이고 논쟁적인" 성향을 가진 루터가 "신학 세계를 풍성하게 한 유일한 교의적 논문"으로 남긴 것이 『노예의지론』이라고 말한 후에, "아우구스티누스적인 예정론에 대한 명료한 해설을 담고 있다"라고 평가하기도 한다.[148]

(2) 농민전쟁(Bauernkrieg)

1525년은 루터의 생애와 사역에 있어서 파란만장한 한 해였다. 토마스 뮌처Thomas Münzer와 같은 급진적인 사상가들에 의해서 선동된 독일 농민 전쟁이 일어났고, 결과적으로는 10만 명의 농민이 제후나 영주의 군대에 의해 학살당하는 결과로 이어진 것이었다.[149] 루터는 국가가 믿음의 문제에 대해 개입하는 것도 반대했지만, 어떤 형태이든 폭력을 사용하는 혁명적 방법에도 지속적으로 거부해 온 사람이었다. 그래서 농민전쟁이 진행되는 동안 루터는 몇 편의 글들을 써서 제후와 영주에게 주어진 권세를 사용하여 무력으로라도 농민들을 진압할 것을 독려했다. 루터는 이와 같은 농민봉기에 대항하여서 제후들의 칼의 권세를 신학적으로 정당화하고, 농민들을 저버림으로써 그의 종교개혁을 지지하던 서민 세력에게 적지 않은 실망을 안겨주었다. 이 시기에 루터가 쓴 여러 팜플렛 중 하나에서는 "할 수 있거든 찌르고, 치고, 목을 조르라. 죽는 자는 복이 있다. 이같은 복된 죽음을 결코 맞이하지 못할 것이다."는 신랄한 표현을 쓰는가 하면,[150] "농민들이 전부 다 죽임을 당하는 것이, 영주나 위정자들이 죽임을 당하는 것보다 더 낫다."는 극단적인 발언을 하기도 했다.[151] 이러한 극단적인 발언들 때문에 루터는 "단순한 민중에게서는 급격히 신뢰를 잃게" 만들었다. 루터는 자신을 향한 비난들을 잘 알고 있었음에도 불구하고 자신이 하나님의 명령에 따라 그렇게 했다라고 답을 했다.[152]

2.3. 루터의 결혼

농민전쟁의 트라우마가 잊혀지기도 전에 루터는 놀랍게도 1523년에 수녀원을 도망치도록 도와준 적이 있는 토르가우Torgau 출신의 전직 수녀 카타리나 폰 보라(Katharina von Bora, 1499-1552)[153]와 1525년 6월에 결혼식을 올림으로 주위를 놀라게 만들었다. 평소에는 그렇게 존중했던 동료 필립 멜랑히톤 조차 결혼식에 초대를 받지 못했고, 루터의 결혼에 대해 "미숙한 행동"이라고 비판했다.[154] 당시 시교회 목사였던 요하네스 부겐하겐, 유스투스 요나스, 요하네스 아펠, 루카스 크라나흐 부부 등 5명이 결혼 증인이 되어 주었고, 루터의 수도원 입문에 크게 분노했던 루터의 아버지도 그의 결혼을 기뻐했다. 한편 루터는 왜 자신이 카타리나와 결혼을 하는지 그 이유를 다음과 같이 밝히기도 했다.

> 나는 나의 결혼을 통하여 나 자신을 비천하게 만들고 웃음거리로 만들었지만, 나는 이를 통하여 천사들이 웃고, 모든 악마들이

> 울게 되기를 원합니다. 주께서 살아 계시고, 우리 안에 계시는 그가 세상에 존재하는 그 무엇보다도 위대하신 분이기 때문입니다.[155]

루터는 카타리나를 사랑해서 결혼한 것은 아니지만 결혼 생활을 통해서 진심으로 그녀를 사랑하게 되었다. 루터는 "나는 나의 케테를 프랑스와 베니스를 주어도 바꿀 수 없다"라고 썼고, 로마서 다음으로 가장 사랑하고 집중 강해했던 갈라디아서에 대해서는 "나의 사랑하는 케테"라고 부르기도 했다.[156] 후일 루터는 자기 부인을 당시 선제후령에서 통용되던 정도 이상의 상속녀로 정하고 유서를 작성했는데, 슈바르츠에 의하면 이것 역시 "루터가 부인을 얼마나 존경했는지"를 잘 보여준다고 한다.[157] 루터와 카타리나 부부는 서로의 사랑을 통해 많은 위로와 용기를 얻었고, 둘 사이에는 여섯 명의 자녀가 태어났다.[158] 후일에 루터는 신앙적인 가정생활의 중요성에 대한 글을 남긴 바가 있다. 주요 부분을 인용해 본다.

> 그 영리한 매춘부인 우리의 자연 상태의 (이교도들이 가장 영리해지기 위해 추종했던) 이성(理性)이 결혼 생활을 들여다보고는 코를 찡그리며 말하는 것을 주목하라. '아, 내가 저 아기를 어르고 기저

귀를 빨고 아기 침대를 정리하고 악취를 맡고 함께 밤을 지새우고 울 때마다 보살피고 두드러기와 종기를 치료해주고, 그것도 모자라 아내를 돌보고 생활비를 대고 직장에서 근무하고 이런저런 일을 처리하고 이것저것을 하고 그 외 결혼 생활에 수반되는 온갖 쓰라림과 허드렛일도 감내해야 할까? 내가 과연 스스로 죄수 생활을 자처해야 할까? 오, 이 딱하고 저주받은 사람아, 아내를 맞아들였는가? 쯧쯧, 이런 저주받고 쓰라린 인생이라니! 자유를 지키고 평화롭고 염려 없는 삶을 사는 게 낫지. 나는 차라리 사제나 수도사가 될 걸세. 내 자녀들도 반드시 그렇게 만들어야지.' 그렇다면 이에 대해 그리스도인의 신앙은 뭐라고 말할까? 신앙은 눈을 뜨고 이 하찮것없고 볼품없고 멸시받는 의무들을 성령 안에서 바라본다. 그리고 이 모든 것이 마치 가장 값비싼 금은보화 같은 신의 인정(認定)으로 꾸며져 있음을 본다. 신앙은 말한다. '오 하나님, 당신이 날 남자로 창조하셨고 내 몸에서 이 아이가 출생하게 하셨음을 확신하기에 또한 이 아기가 당신의 완벽한 기쁨임을 확신합니다. 나는 저 어린 아기를 어르고 기저귀를 빨거나 아이와 어머니의 보호자 역할을 맡을 자격이 없음을 당신에게 고백합니다. 대체 어떻게 나같은 무자격자가 당신의 피조물과 당신의 가장 소중한 뜻을 섬긴다는 확신을 가지는 영예를 누리게 되었을까요? 오, 그 의무들이 아무리 하잘것없고 멸시받더라도 전 얼마나 기쁜 마음으로 이 일을 할는지요! 서리나 무더위도, 허드렛일이나 노동도, 날 낙심하고 변심케 하지 못할 겁니다. 이것이 당신이 기뻐하실 일임을 확신하기 때문입니다.' 아내 역시 자신의 의무를 같은 태도로 바라보아야 한다. 아기에게 젖을 먹일 때나, 어르거나 목욕시킬 때나 그 밖에 돌보는 일을 할 때나, 다른 의무로 바삐 움직일 때나, 남편을 돕고 남편에게 복종할 때도 마찬가지다. 이것들은 실로 황금같이 숭고한 일이다.…이제 당신이 나에게 말해 주길 바란다. 아버지가 앞장서서 기저귀를 빨고 자녀를 위해 다른 천한 일을 할 때, 그 아버지는 방금 말한 대로 성령 안에서 그리스도인의 신앙으로 행할 때, 누군가 그를 사내답지 못한 바보라고 조롱한다면, 내 친구여 나에게 말해다오, 이 둘 중 누가 더 상대방을 더 예리하게 조롱하고 있는가? 하나님은 그분의 모든 천사들과 피조물들과 함께 미소 짓고 계신다. 아버지가 기저귀를 빨기 때문이 아니라 그리스도인의 신앙 안에서 그 일을 하고 있기 때문이다. 그에게 코웃음을 치며 신앙이 아닌 그 일만을 주목하는 사람들은 하나님을 그분의 모든 피조물과 함께 지상 최고의 바보로 조롱하는 것이다. 실제로 그들이 조롱하는 대상은 자신이다. 아무리 영리한 척 해도 그들은 다만 사탄의 바보요 아무것도 아닌 존재다.[159]

한편 루터의 결혼 이후 작센의 선제후 불변공 요한[160]이 1532년에 수도원 건물(현재의 Lutherhaus)을 루터 소유로 이전해 주었는데, 경제 관념이 별로 없었던 루터 대신에 카타리나가 맡아 관리를 했고 대가족을 위한 온갖 일들을 주도하며 억척같이 살림을 꾸려나가 주었다.[161] 1527년 여름에 루터는 크게 앓아 누웠고, 격렬한 우울증에 시달린 적이 있다. 그 이유는 영적인 것으로서 자신의 추종자들은 믿음을 위해서 죽어가고 있는데도 정작 자신은 여전히 침대에서 잠을 자고 있다는 사실 때문이었다. 세간에 널리 알려져 있듯이 루터의 부인은 이때에 기지를 발휘하여 상복을 입고서 루터의 하나님이 돌아가셨다고 함으로서 그의 마음을 다시금 추스리게 만들었다. 이와 같은 과정을 겪고 나서 루터는 찬송가 585장(21세기 찬송가)에 수록된 "내 주는 강한 성이요"*Ein feste Burg ist unser Gott*라는 찬송을 지었고, 이 곡은 이후에 루터교의 진군가 역할을 하였다.[162]

2.4. 루터 사상의 정수를 담은 『소교리문답』과 『대교리문답』(1529)

루터는 1529년초에 『소교리문답』과 『대교리문답』[163]을 간행했다. 루터의 신학의 정수를 담고 있다고 평가되어지는 대소교리문답서의 출간 배경에는 루터가 선제후에게 주청하여 실행된 작센 지역 교회들 시찰 결과가 놓여있다.[164] 루터 자신도 1528년 10월 22일에 비텐베르크 주변 교회들을 시찰하는 일에 참여하게 되는데, 루터는 이전에도 알고 있었지만 작센 지역의 교회 현황이 경악스러울 정도인 것을 발견하게 된다. 사태가 얼마나 심각했는지는 1529년 5월에 출간한 루터의 『소교리문답』 서문에서 잘 드러나고 있다.

> 근간에 내가 여러 곳에 있는 교회를 순회하고 신자들의 비참한 종교 생활 상태를 목격한 나머지 극히 쉬운 문장과 작은 책자로써 준비된 본 교리문답서를 내놓아 기독교 교리를 설명하도록 한 것이다. 아! 불쌍하다. 내가 직접 본 비참한 상태를 슬프다 아니할 수 없다. 특히 시골에 사는 일반 민중들은 기독교 교리에 대한 지식이 전혀 없고, 대부분의 전도자들은 가르치기에 부적당하고 부적격하다. 저들은 스스로 크리스천이라고 말하며 세례를 받았다고 하며 주의 성찬에 참여할 것을 주장하나 주기도문, 사도신조, 십계명 조차도 알지 못한다. 저들은 마치 돼지나 이성이 없는 짐승들과 같은 생활을 하며 복음이 전하여진 오늘날에 있어서 아직도 크리스찬의 자유를 남용하고 있다.[165]

이러한 현황에서 "청년들과 어린이들 교육"을 위하여 『소교리문답』을 저술 출간했고, 목회자들이 "더 정밀하고 광범위한 지식"을 가지도록 저술한 것이 『대교리문답』이다.[166] 루터는 목회자들을 위해 자신이 스스로 어떻게 실천하고 있는지를 서문에서 표현하기도 한다.

> 나 개인에 대하여 말하자면, 나 역시 박사이며 설교자이다. 또 세도를 부리는 누구만큼이나 지식인이고 경험이 많은 사람이다. 그러나 나는 마치 교리문답을 배우는 어린아이와 같다. 매일 아침과 그리고 시간이 있을 때마다 나는 주기도문과 십계명, 사도신조, 시편 등을 한 마디 한 마디씩 되풀이하여 말하곤 한다. 나는 아직도 교리문답을 매일매일 읽고 연구해야만 한다. 내가 바라는 대로 다 숙달하지 못했으며, 또 그럴 수도 없기 때문이다. 교리문답에 관한한 나는 어린아이이며 학생으로서 머물러 있어야만 한다. 하지만 나는 그래도 기쁘다.[167]

루터의 교리문답서들은 같은 구조로 되어 있다. 총 다섯 부로 구성되어 있는데, 십계명으로 시작해서, 사도신경, 주기도문 그리고 세례와 성찬의 순서로 다룬다.[168] 특히 우리는 루터의 상세한 설명이 담겨있는 『대교리문답』*Der Grosse Katechismus*에 주목해 볼 필요가 있다.[169]

2.5. 개신교 분열의 씨앗– 성만찬 논쟁과 마르부르크 회담

복음에 대한 새로운 발견으로 로마교의 압제를 벗어던지고 종교개혁에 이르게 한 주요 종교개혁자들인 루터와 츠빙글리간의 성만찬 논쟁은 종교개혁사에서 가슴 아픈 이야기이기도 하다.[170] 복음으로 하나되지 못하고 개신교는 성만찬 논쟁 때문에 분열에 이르고 말기 때문이다. 그래서 어떤 학자는 성만찬 문제가 "개신교 분열의 씨앗"이라는 표현을 쓰기도 했다.[171] 흔히 역사적으로 루터는 공재설을 주장했고, 츠빙글리는 상징설을 주장했다고 말해진다. 루터는 예수 그리스도의 최후만찬석상의 제정의 말씀을 1520년부터 중요시하면서 문자적으로 이해했다. 즉, "이것은 내 몸이다"*Hoc est meus corpus*를 실재론으로 이해한 것이다. 그래서 루터는 "요소 안에 있는 그리스도의 몸과 피의 실재"를 강조했으며, 1523년부터는 실재설을 "교리의 중심적 요소"로 삼았다.[172] 반면에 취리히의 종교개혁자 츠빙글리는 화란학자 훈니우스Hunnius의 영향을 받아 성찬 제정의 말씀을 "이것은 내 몸을 의미한다"*significat*로 이해했다. 그는 요한복음 6장을 중요하게 여겼으며, "성만찬을 예수님을 기억하고 그에 대한 신앙을 고백하는 교회의 행위"로 이해했다. 1525년 봄에 츠빙글리는 루터의 성찬론에 도전하는 글을 발표했는데, 루터는 그를 칼슈타

트와 같은 "신령주의자이며 열광주의자"라고 비난했다.[173]

몇 년 간의 저술 출판을 통해 두 사람의 논쟁이 진행되었고, 이로 이해 종교개혁 진영은 양분화되는 것을 막기 어려워 보였다. 하지만 당시 독일 개신교 영주들은 슈파이어 회담이후 황제에 대항하기 위해서는 스위스 개혁파와도 공조가 필요하다는 것을 강력하게 느끼고 있었다. 이러한 공조와 연합에 장애물이 되고 있던 성만찬 논쟁(공재설과 상징설 사이)을 해소시키기 위해 발벗고 나선 이는 헤세의 백작 필립이었다. 그는 1529년 10월 1일-4일 자신의 영지에 속했던 마르부르크 Marburg 성에 루터와 츠빙글리를 비롯하여 개신교 진영의 여러 신학자들을 불러서 소위 "마르부르크 회담"을 진행시켰다.[174] 루터는 이때에 15개 조항을 제시하여 다른 조항들에는 기꺼이 모두 합의하였는데, 결국은 성만찬의 본질에 대한 불일치로 결국 회담은 결렬되고 말았다. 루터는 식탁에 "이것은 내 몸이다"라고 하는 글을 휘갈겨 두었다가 보여주면서 "당신과 우리는 다른 영ander Geist을 가지고 있다"라고 선언했다.[175]

그러고 나서 2년 후인 1531년 츠빙글리는 전투에 참여했다가 전사해 버리는데 이런 죽음이 하나님의 심판 때문이라고 루터는 생각했고, 죽기 2년 전에 출간한 『성찬에 관한 짧은 신앙고백』에서 루터는 슈벵크펠트나 츠빙글리 등과 같은 자들과 "한 마음과 한 뜻이 되거나 그들의 교리를 관용하느니, 차리리 몸이 찢기고 수백 번 화형을 당하는 편이 훨씬 낫다."고 독설을 퍼부을 정도로 생애 끝까지 그는 츠빙글리파에 대한 반감을 가지고 있었다.[176]

2.6. 아우크스부르크 신앙고백서(*Confessio Augustana*) 작성(1530)

(1) 루터의 코부르크 성 체류

1529년 초반에 출간된 대소교리문답서가 루터 자신이 직접 정리한 신학의 정수요, 복음주의 신앙의 해설이라면 1530년 아우크스부르크 제국회의에서 칼 5세와 로마교회 당국자들 앞에 제출된 아우크스부르크 신앙고백서*Confessio Augustana*는 "개신교 최초의 신앙고백서이며 이후 모든 개신교 신앙고백서의 모체가 되"기도 한다는 평을 받는 루터교 신앙고백서이다.[177] 1529년에서 1530년에 이르는 기간 동안 독일의 개신교 상황은 위기가 감도는 시기였다. 슈파이어 회의에서 황제의 영을 거역하면서 생겨난 프로테스탄트protestant 용어를 기억한다면 그 시기가 일촉즉발의 위기 상황이라는 것을 이해하게 될 것이다. 1530년 초반에 이르러 루터는 슈말칼덴 동맹에 속한 개신교 영주들이 황제에 대항할 수 있는 저항권 right of resistance을 인정했다.[178] 이런 시점에서 칼 5세는 아우크스부르크에서 다시 한 번 제국회의를 소집하고 개신교도들로 하여금 신앙고백서를 제출하게 만들었다.

이러한 황제의 초대에 응하여 작센 선제후 요한 불변공은 멜랑히톤, 요나스, 슈팔라틴, 요한 아그리콜라 등을 대동하고 아우크스부르크로 향한다. 루터 역시도 동행하지만, 위험성 때문에 선제후령 가장 최남단의 코부르크Coburg 성에 머물면서 서신이나 인편을 통하여 제국회의 진행에 자문 역을 하도록 조치했다.[179] 그리하여 1530년 4월에서 10월까지 반년을 코부르크 성에 거주하며, 두통이 방해하지 않는 한 시편을 주해하거나 예언서와 시편을 번역하는 일에 전념하였고, 인편을 통해 오고가는 서간문(118통이 남아있음)을 통해 아우크스부르크 신앙고백서 작성에 대해 자문을 했다.[180] 6개월간의 코부르크 체류 기간 동안 그의 아버지 한스 루터가 소천했으나, 임종을 지키지 못했다.[181] 이 6개월간 루터 곁에 머물러 조력했던 파이트 디트리히Veit Dietrich가 쓴 편지에서 루터의 경건생활 특히 기도 생활에 대한 강렬한 기록이 남겨지기도 했다.[182]

(2) 아우크스부르크 신앙고백서 작성과 제출

신변상의 안전을 위해 코부르크성에 머문 루터와 달리 아우크스부르크 제국회의에 참석하여 황제에 요구에 따라 개신교 신앙 고백서를 작성하고 제출한 이는 멜랑히톤이었다. 그는 황제에 요구에 부응하여 1530년 6월 25일에 신앙고백서를 칼 5세에게 제출하였다.[183] 물론 루터와도 서신을 통하여 논의를 거친 것이었고, 직전에 만들어졌던 "토르가우 신조," "슈바바흐 신조," 그리고 "마르부르크 신조" 등에 기초한 것이기도 하다.[184] 멜랑히톤의 성격상, 그리고 회의의 분위기상 신앙고백서의 내용은 '평화적'일 수 밖에 없었다. 멜랑히톤의 초안을 받아 본 루터는 일단 "매우 만족한다"는 답을 보냈다. 제국의회에 제출된 아우크스부르크 신앙고백서에 대하여 로마교 신학자들의 반박서*Confutatio*가 제출되고, 이에 멜랑히톤은 변증서*Apologia*[185]를 제출하지만 결과적으로 황제는 개신교도들의 편을 들기는 커녕 로마교회로 돌아오라는 위협과 더불어 제국회의는 끝이 난다.[186]

아우크스부르크 신앙고백서는 총 28개 조항으로 구성된다. 1조에서 하나님에 관하여, 2조 원죄에 관하여, 3조 하나님의 아들에 관하여, 4조 칭의에 관하여,[187] 5조 교회 직분에 관하여, 6조 새로운 순종에 관하여, 7조 교회론에 관하여,[188] 8조 교회의 본질, 9조-13조 로마교회의 성례에 관하여, 14조 교회의 직분, 15조 교회의 의식들, 16조 세속 정부, 17조 그리스도의 심판의 재림, 18조 자유의지, 19조 죄의 원인, 20조 선행, 21조 성인 숭배에 관해. 22-28조항은 "교회 안에서 오용되는 것을 제거하는 문제에 관해 강조점"을 둔 것으로, 22-24조에서는 성례론을 오용하는 것에 대해 논박하고, 25조에서는 고백에 대해, 26조에서는 금식에 음식한 관한 교리와 일반적인 금욕 및 자기 훈련에 대해, 27조에서는 수도사 서원에 관해, 마지막 28조에서는 주교의 맺고 푸는 권세에 관해 다루었다.[189]

3. 루터의 후기 생애(1530-1546)

1530년 아우크스부르크 신앙고백서 작성을 위해 코부르크에 장기 체류 했던 루터는 그해 말 다시금 비텐베르크로 돌아와 자신의 본연의 사역에 충실하게 정진한다. 1530년부터 1546년까지 이어진 약 16년 간의 후기 생애에 대해서 과거 전기 작가들은 소홀히 다루었다. 대표적으로 1950년에 출간되어 여전히 박진감 넘치는 루터 전기로 읽혀지는 베스트셀러 *Here I Stand*의 저자인 롤런드 베인톤은 총 22개의 장 중

단지 한 장만 이 시기에 할애한 것을 볼 수가 있다. 베인톤은 "루터의 마지막 1/4생애가 그의 사상을 결정하지도 않았고, 그의 업적에 중요한 시기도 아니었다는 점을 생각하면 이러한 비교적 소홀한 취급은 어느 정도 정당화된다."[190]라고 자신의 입장을 밝힌다. 그러나 그 후의 수 많은 전기 작가들은 이 후기 생애에 대해서도 철저한 연구를 통해 균형잡힌 기술을 해주고 있다.[191] 이 시기에 일어난 주요 사항들을 연대표로 먼저 보기로 한다.

루터 연표(1530–1546)

1531. 7. 1.- 12. 12. 갈라디아서 강해를 하다.
1534 독일어 번역 성경을 완성하여 출판하다.
1535 『갈라디아강의』 출간하다. 자신의 마지막 성경강해인 창세기강의 시작하여 1545년 완결짓다.
1536 독일북부 지역과 비텐베르크 협약 체결하다.
1537 그의 신학적 유언이라고 불리우는 슈말칼덴 신앙조항(Die Schmalkadischen Artikel) 출간
1539 루터의 독일어 저작전집 출간 시작(서문쓰다).
1545 루터의 라틴어 저작전집 출간 시작(서문쓰다).
1546.2.18. 자신의 출생지였던 아이슬레벤에서 병사하다. 선제후의 명령에 따라 그의 시신은 비텐베르크 성교회당에 안치됨(2.22).

3.1. 비텐베르크대학 성서학 교수

루터는 자신의 본무인 비텐베르크 대학 신학부에서의 성경 강의를 계속해 나갔다.[192] 먼저는 중단했던 아가서 강의를 끝마쳤다(1520.11. 8-1531. 6. 22).[193] 1531년에는 두 번째 갈라디아서 강의를 진행했다.[194] 1535년에 출간되기도 한 이 갈라디아 강해를 루터는 무척이나 중요하게 생각했다.[195] 그는 갈라디아서를 '나의 케테'라고 부르기도 했고, 1542-43년 겨울 어느 탁상담화에서는 신학자가 되고자 하는 이들을 위한 몇 권의 필독서를 소개하는 중에 자신의 책 『갈라디아서 강의』와 『신명기 강의』를 추천하기도 했다.[196] 루터의 갈라디아 강의를 중심으로 박사논문을 쓴 김선영은 "루터의 성숙한 신학을 대변하는 이 강해는 곧 믿음과 사랑에 대한 그의 성숙한 가르침을 대변하고 있다고 해도 과언이 아니다"라고 평가했고,[197] 김용주는 루터의 핵심 사상인 루터의 이신칭의론이 본서 속에 성숙하게 제시되어 있다는 점을 주목하게 하면서 다음과 같은 평가를 내린다.

> 이 작품은 루터 개인의 업적 중에서도 가장 뛰어난 업적으로 볼 수 있는데, 그는 이 책에서 그의 신학의 정수를 보여주고 있고, 그의 성경 해석 능력이 무르익어 절정에 달하고 있음을 입증해

주고 있다.[198]

제2차 갈라디아서 강의를 마친 루터는 시편 강의에 다시 집중했다. 시편 2편과 51편을 강의했고, 1532년엔 성전에 올라가는 노래(130-132편)와 90편에 대해 강의했다.[199]

1522년 신약성경 독일어 번역본을 출간했던 루터는 참으로 오랜 시간에 걸쳐 여러 학자들의 도움을 받아 구약성경 번역을 진행했고, 마침내 1534년에 성경전서 번역본을 출간하는 쾌거를 이룬다. 처음 출간되었을 때의 제목은 *Biblia, das ist die gantze Heilige Schrift Deudsch*였다.[200] 루터의 독일어 성경이 독일인들에게 얼마나 큰 기여를 했는지에 대해 두 명의 증언을 소개해 보려고 한다. 교황 무오성을 부정했다가 파문당했던 될링거J. Döllinger는 루터가 "기독교 시대의 어떤 사람이 자기 동족에게 준 것 보다 더 큰 것을 주었는데, 그것은 독일어와 성경과 교회 찬송가였다"고 논평했고, 유대인이자 독일의 시인이었던 하인리히 하이네Heinrich Heine는 『독일의 종교와 철학의 역사에 관하여』라는 저서 속에서 루터에 대해 예찬을 하는 중에 다음과 같이 말했다.

그는 사고를 표현할 문자를 창안했다. 독일어를 만들어낸 것이

> 다. 이 일을 성경 번역을 통해서 해냈다. 성경의 신적인 저자께서 친히 그를 번역자로 선정하시고, 그에게 이미 죽어 묻혀 있던 언어로부터 아직 살아나지 않은 또 다른 언어로 번역하는 기이한 능력을 주셨다. 루터가 어떻게 해서 성경을 번역한 그 언어를 습득하게 되었는지 오늘날까지도 나는 알 수 없다…이 오래된 책은 독일어의 쇄신을 위한 영원한 샘이다.[201]

비텐베르크대학의 성서학교수로서 1535년부터 1545년까지 심혈을 기울여 강의한 것은 『창세기 강의』였다. 일반적인 선입견에 의하면 루터는 구약 보다 바울을 중심으로 한 신약 연구나 강의에 집중했을 것 같은데, 그가 남긴 저술들을 보면 오히려 구약에 더욱 더 집중한 것을 보여 준다. 그래서 현대적인 신학 분과 분류에 의한다면 루터는 신약학 교수라기 보다는 구약학교수로 분류될 수 있을 것이다.[202] 아무튼 루터는 마지막 10년 기간 동안 자신의 본무인 성서학 강의를 수행함에 있어서 오로지 창세기 강의에 전념했다. 창세기 1-17장은 1535-38년 어간에, 18-30장은 1538-1542 어간에, 그리고 31-50장 강의는 1543-1545년 어간에 진행했다.[203] 이 방대한 루터의 창세기 강의 결과는 사후에 여러 편집자들의 손을 거쳐 출판되었기에 논쟁의 여지가 있다. 그러나 지원용의 평가대로 본서는 "루터 사상의 이해를 위하여 필요 불가결한 자료"이며, "여러 편집자들의 손을 거쳐서 그 강해문이 이루어진 것은 사실이지만, 그 가운데서 나는 '소리'는 루터의 음성임에 틀림없다"라고 하는 점을 인정할 수 있다.[204] 또한 현재까지도 이 작품은 "주목받지 못하고 있고, 또 이 책에 대한 연구도 미미하다"고 김용주는 평가했는데, 최근 20년 동안 주요 연구들이 진행되고 있다.[205] 그리고 본서 속에는 루터의 성숙한 칭의론이 성경 강해 형태로 잘 드러나고 있기 때문에 그의 '칭의론의 진수'를 경험할 수 있다고 평가한 김용주의 평가는 적실하다고 할 수가 있다.[206] 한편 창세기 강의를 시작하던 해인 1535년에 루터는 비텐베르크대학교 신학부 학장Dekan이 되었고, 죽을 때 까지 이 직무를 수행하며 대학 발전에 혼신의 힘을 다하였다.[207]

3.2. 슈말칼덴 신앙 조항(1537년)

루터는 1536년 말에 주요한 신앙문서를 하나 작성하게 되는데, 이것은 1537년에 출판되고 1580년에 출간된 최초의 루터교 신앙고백 문서집인 『일치서』*Liber Concordia, The Book of Concord*에도 포함되게 되는 『슈말칼덴 신앙 조항』*Die Schmalkadischen Artikel, Articuli Smalcadici*이다.[208] 이 문서는 흔히 '루터의 신학적인 유언장'이라고 불리울 정도로 그의 사상의 정수를 담고 있다.[209] 이 문서를 작성하는 동안 루터는 몇 번의 심장 발작을 일으키기도 했기 때문에 문자적으로 신학적인 유언장이 될 수도 있었다.[210] 이 문건은 1536년 교황 바오로 3세가 1537년 이탈리아 북부 만토바에서 공의회를 개최하겠다고 교령으로 발표하자, 작센 선제후 요한 프리드리히 용맹공 Johann Friedrich der Groszmütige이 루터에게 편지로 "신앙조항들 가운데서 상호 평화를 위하여 양보할 수 있는 항목들과 양보할 수 없는 점들이 무엇인지를 명시해 주는 문서"를 준비하도록 지시한 것에 응답한 것이다.[211] 루터는 교황이 개최하는 공의회에 제출하려고 한 이 문서 속에서 자신의 칭의 교리를 강조했고, 교황의 지위에 대해서도 비판적이었다.[212]

루터는 슈말칼덴 신앙 조항을 세 부분으로 구성했다. 슈바르츠가 정리한 바를 정리하여 소개하도록 하겠다.

> 제1부에서 루터는 신교와 구교 양측이 모두 고백하는 삼위일체론과 기독론의 4가지 요점을 서술했다. 제2부에서는 명쾌한 형식으로 개신교 고백의 구원론적 중심이 되는 성서적 구절들을 언급한다. 구원은 오직 그리스도를 통해서 가능하며, 오직 신앙을 통해서만 자신의 것으로 삼을 수 있다는 것이다… 제3부에

서는 죄, 율법, 그리고 복음과 성례전, 구두로 은총이 전달되는 형식인 참회 용서에 대한 복음적 교리를 요약 기술하고… 교회론과 관련된 몇 가지 점들을 더 기술하여 제3부를 마감했다.[213]

대부분의 루터파 신학자들이 동의하여 이 문서에 서명했지만, 멜랑히톤은 유보적으로 서명했다.[214] 비록 이 문서가 외면당하는 경향이 있기도 했지만, "포괄적인 체계를 작성하는 것에는 확실히 관심을 두지 않았던" 루터의 "근본적인 견해를 조망"하기 위해서는 교리문답서와 슈말칼덴 신앙조항을 참조하는 것이 가장 지름길이 된다는 점을 부인하기는 어려울 것이다.[215]

3.3. 후기 생애의 몇 가지 특징들

후기의 루터는 자신이 자기 시대에 선지자 같은 존재라고 생각했다.[216] 그는 카우프만이 말했듯이 "루터가 살아있는 동안 그의 말은 다른 어떤 신학자의 말보다 무게가 있었다. 그렇지만 그의 말은 더는 '국가의 영웅'이나 '제국의 자랑'으로서가 아닌, 경험 많고 꼿꼿한 교회의 선생으로서 흔들림 없는 믿음과 신앙 고백을 시사하고 일깨우는 말이었다."[217] 폰 뢰베니히는 심지어 루터가 "일종의 교부가 되었다."고 말하기도

한다.[218]

루터는 생애 마지막 시기까지 로마교를 비롯하여 츠빙글리파, 유대인들, 터키인들에 대한 확고한 반대와 신랄함이 담긴 글들을 여러 종류 남겼다.[219] 1545년에는 로마 교황제가 마귀의 의해 세워진 것임을 비판하는 글을 썼고(『악마에 의해 세워진 로마 교황권』),[220] 초기에는 유대인들에 대해 호의적이었던 루터는 후기로 갈수록 유대인들에 대해서 비판의 목소리를 높였다.[221] 그는 1543년에 출간한 『유대인과 그들의 거짓말에 대하여』에서는 "유대인의 예배당과 학교에 불을 질러야"하며, "집도 똑같이 파괴하고 망가뜨려"야 하며, "그들의 모든 기도서와 탈무드 해설서를 빼앗아야"한다고 선언했으며,[222] 죽기 직전인 1545년 2월 15일 아이슬레벤에서 설교하면서 "기독교사회에서 유대인을 축출하라"고 요구하기도 했다.[223]

루터의 후기 생애를 특징짓는 것 중 하나는 비교적 건강했던 루터에게 다양한 종류의 질병들이 따라 붙게 된다는 것이다.[224] 변비(1521-2), 협심증(1527년), 이명 현상과 현기증(1529년), 신장 결석과 요로 결석(1537년), 이질(1538년), 중이염(1541년) 등이 그에게 생겨나 때로는 초죽음이 되도록 만들었고, 카타리나는 루터의 병구완을 위해 다방면의 수고를 해야 했다.[225] 후기 루터의 신랄함과 독설은 그의 신체적 질병으로 인

한 연약함과도 영 무관하지 않을 것이라고 우리는 짐작해 볼 수가 있다.[226]

3.4. 루터의 임종

루터의 마지막 시기는 "종말론적인 의식"으로 가득했다.[227] 그는 오랫동안 가르치고 설교해도 변화하지 않는 비텐베르크 사람들에게 진절머리를 치며 비텐베르크를 떠나 버리기도 했으나 만류에 의해서 다시 돌아오기도 했다(1545년).[228] 루터는 만스펠트Mansfeld의 백작들 사이에 벌어진 논쟁을 조정해 달라는 요청에 부응하여 1546년 1월에 두 번째로 만스펠트 지역에 갔다가 돌아오지 못하고 자신의 출생지인 아이슬레벤에서 1546년 2월 18일에 확고한 신앙고백을 한 후에 고요히 눈을 감았다.[229] 루터가 죽고 난 후에 발견된 그가 손수 쓴 마지막 쪽지에는 그의 생애와 신앙을 총괄할만한 구절이 적혀 있었다. 그는 베르길리우스와 키케로에 대해 언급한 후에 성경을 겸허하게 연구해야 한다는 점을 역설해 주고 있다.

> 회중들을 한 1백여 년 동안 선지자들의 글을 연구하게 해 보지 않고서는 그 누구도 성경을 충분히 맛보았다고 생각해서는 안 될 것이다. 그러므로 우리가 첫째로는 세례 요한과, 둘째로는 그

리스도와 그리고 셋째로는 사도들과 함께 있다는 것은 엄청난 기적이다. 이 신적인 아이네아스를 이해한다고 호들갑을 떨어서는 안 된다. 당신은 그저 그들이 남긴 흔적을 존경할 뿐이다. 우리는 거지들이다. 이것은 참 말이다.[230]

루터의 마지막 두 문장은 라틴어와 독일어로 되어 있다. *호크 에스트 베룸. 비어 진트 알레 베틀러*Hoc est verum. Wir sind alle Bettler! 참으로 루터다운 임종의 말이 아닐 수가 없을 것이다.

루터의 소천 소식이 비텐베르크에 급히 알려졌고, 선제후 요한 프리드리히는 루터가 자신의 두 번째 수도이기도 한 비텐베르크 성 교회당Schloßkirche에 안장되어야 한다고 명령했고, 이에 따라 루터의 유해는 아이슬레벤을 떠나 2월 22일 비텐베르크에 도착하여 성교회당내 전면에 안장된다. 멜랑히톤은 하관 예배에서 루터가 하나님의 도구로서 교회 개혁을 위해 어떤 기여를 했는지를 말하였을 뿐 아니라 그가 "상당히 까다로운 인물이었으며 신경질적인 행동의 소유자였음도 강조"하였다.[231] 그가 죽을 때에 슈말칼덴 동맹에 대한 칼 5세의 군사 작전이 이미 시작되었고, 로마교회의 트리엔트 공의회는 1543년부터 이미 진행중이었다. 그리고 마침내 칼 5세의 군대에 의해 비텐베르크가 점령되고, 황제는 성교회에 들어가 루터 무덤 앞에 섰으나 루터의 묘는 훼손하지 않았다.[232]

4. 나가는 말

이상에서 우리는 종교개혁자 마르틴 루터의 생애와 주요 저술들을 개관하는 일을 수행해 보았다. 한국내에서는 루터파가 교세적으로 왕성하지 못했고, 루터나 루터파 신학에 대한 연구가 활성화되지 못한 감이 있다. 그리고 개혁파나 루터파는 서로 간의 신학적 공통점과 차이점이 무엇인지를 논구하는 일에 신경쓸 겨를 없이 각자의 영역만 천착하기에도 바빴다. 그리고 루터 사후 루터파가 개혁파에 대해 자행한 박해 등에 대한 역사나 루터파가 발전시킨 여러 가지 신학적인 차이점들 때문에 루터와 칼빈은 거의 단절된 개혁자들인 것처럼 오해하는 이들도 생겨나고 말았다.[233] 지금까지 함께 읽은 II부는 종교개혁 500주년을 맞이하여 이러한 이해의 부족 내지 근거없는 오해들을 극복하기 위하여 역사신학자가 아닌 조직신학자가 아마츄어적인 수준에서 루터의 생애와 주요 저술에 대한 개관을 시도해 본 것이다.

루터는 1483년 독일 아이슬레벤에서 태어나 1546년 동일한 도시에서 소천했다. 법률가로서의 전도유망한 길을 버리고, 아우구스티누스 수도사가 되어 자비로우신 하나님을 발견하고자 하는 금욕 고행 끝에 로마서를 비롯한 성경연구를 통해 마침내 "복음적 혁파"를 이루어내었고, 처음에는 단순히 면죄부에 대한 토론을 제안하는 취지에서 95개조를 못질하여 게시했지만 이 학자적인 소망에서 나온 토론 제시가 종교개혁의 기폭제가 되고 만다. 루터는 초기에 로마교회에 머물면서 교회 개혁을 꿈꾸었으나, 결과적으로 그는 교황에 의해서도 파문당하고, 신성로마제국 황제 칼 5세에 의해서 시민권이나 생존권도 빼앗기고 만다. 그렇게 철저하게 당시 서구사회에서 아웃사이더가 되었지만 연이어 재위했던 작센 선제후들(프리드리히 현공, 요한 불변공, 요한 프리드리히 용맹공)의 보호와 지원하에 비텐베르크 대학 성서학 교수로 평생을 재직하면서 종교개혁을 전개해 나갔다. 루터는 무엇보다도 성경을 가르치는 교수요 설교자로서 그리고 저술가로서 비텐베르크를 비롯한 작센 지역의 종교개혁을 전개해 나갔다는 점을 기억하는 것이 중요하다고 생각한다.

루터는 조직신학자가 아니었기에 자신이 발견한 복음적 신학사상을 체계적으로 표현하는 일에는 열심을 다하지 못했고 수 많은 저술들을 남겨놓으므로 그의 사상의 전모를 파악하기도 어렵고 오해하기도 쉽게 만들었다. 그리고 자신의 신학과 신앙적 확신에 근거하여 츠빙글리를 비롯한 스위스 개혁파에 대해 지나치게 불관용과 비판의 자세를 취했던 것도 역사적 사실이다. 농민전쟁시 제후들 편에 서서 과격한 진압을 요구하거나 후대로 갈수록 두드러진 유대인에 대한 지나친 비난 등도 분명 루터가 당대나 후대에 비판받을 수 밖에 없는 근거들이기도 하다. 루터는 63년의 생애를 통하여 종교개혁의 선봉장으로서 많은 기여를 했지만, 또한 비판내지 비난거리도 적지 않게 남겼던 양면적인 인물이다. 그러나 루터에 대한 비판 역시 역사적 정황을 잘 살피고, 그의 저술들을 세심하게 읽으면서 수행되어져야 할 것이라고 생각한다.

앞서 소개한 칼빈, 베자, 카이퍼 등의 루터에 대한 호평을 염두에 두고서 루터가 개혁교회에도 미친 영향이 무엇인지를 검토할 필요가 있다고 생각한다. 이는 개혁파가 루터파와 같다는 것이 아니다. 칼빈조차 루터의 여러 가지 약점들을 간과하지 않으면서도, 그가 종교개혁자로서 복음적 혁파를 이룬 것에 대해 인정하고 존경했다는 것을 확인했는데 이러한 자세가 공정하고 학문적인 자세라고 생각한다. 루터의 생애와 주요 저술에 대한 개관 작업을 마치면서 조직신학자인 필자로서는 이미 시작한 루터의 사상의 정수를 담은 『대교리문답』에 대한 분석에 이어 그의 신학적 유언이라 불리우기도 하는 『슈말칼덴 신앙조항』에 대한 검토를 통하여 루터 사상의 핵심 내지 골자가 무엇인지에 대한 정확한 이해를 추구하는 일과 루터의 칼빈의 신학 사상의 공통점과 차이점이 무엇인지를 명석판명하게 이해하려는 시도를 할 필요가 있다고 생각한다.

우리는 거지들이다. 이것은 참이다(Wir sind Bettler, Hoc est verum).

III. 마르틴 루터의 『대교리문답』의 역사적 배경과 내용 분석

1. 들어가는 말

개신교 종교개혁 500주년을 맞이하면서 마르틴 루터(Martin Luther, 1483-1546)의 생애와 사상에 대해 다각도로 논구하고 평가하는 작업이 진행되고 있다. 국내에서는 그간에 루터에 대한 연구가 칼빈에 비하자면 왕성하지 못한 편이었는데, 이번 기회에 칼빈에게도 많은 영향을 미쳤던 루터의 사상의 정수가 무엇인지를 논구하고 평가하는 일이 활성화되기를 소망해 본다. 지난 20세기에는 루터 연구를 위한 가장 기본적인 자료원이라고 할 수 있는 바이마르 전집WA과 미국판 루터전집Luther's Works이 완성되었기 때문에, 루터의 사상을 연구하는 일이 보다 더 용이해졌다고 할 수가 있다.[234] 특히 바이마르 전집은 총 120여권의 분량에 8만 페이지가 담겨있기 때문에, 한 개인 학자가 혼자서 다 연구하기에는 불가능하다고 할 정도이다. 이렇게 집대성된 전집은 루터가 얼마나 풍부한 사상들을 공표했을까 기대감도 줄 수 있지만, 그의 신학 사상의 핵심과 정수가 무엇인지 알기 위해서 우리가 어떻게 접근해야 할지를 난해하게 만들기도 한다. 자칫 길을 잃고 방황하거나 아니면 그 방대함 때문에 애초에 포기해 버릴 위험이 있는 우리들에게 루터 스스로 실마리를 제공해 준 적이 있다. 1537년에 쓴 한 편지 속에서 루터는 자신의 수 많은 작품들 가운데 "오직 『노예의지론』*De servo arbitrio*과 『교리문답』만 보존될 수 있다면, 사람들이 다른 모든 작품들을 불태워도 좋다"라고 스스로 말한 적이 있다.[235] 여기서 루터가 말하는 『교리문답』이란 1529년에 출간한 『대교리문답』*Der grosse Katechismus*과 『소교리문답』*Der kleine Katechismus*을 가리킨다.[236] 우리는 루터의 안내를 따라 그의 두 작품을 먼저 잘 이해할 때에 루터 사상의 정수가 무엇인지를 파악할 수 있을 것이다.[237]

3부에서 논구해 보고자 하는 것은 루터 스스로 "자신이 쓴 가장 최고의 작품들 가운데 하나"라고 평가했었던 『대교리문답』이다.[238] 베른하르트 로제Bernhard Lohse에 의하면 이 문답서는 "루터 자신이 썼었던 교의학의 기본적인 문제들을 가장 포괄적으로 개관"하고 있어서 그것은 "제한적인 의미에서는 그가 결코 써 본적이 없는 교의학을 대신한다고 이해해도 좋다"라고 말해졌고,[239] 최근에 출간된 『대교리문답』의 역자 최주훈은 "루터의 전체 신학을 조망하는 가장 중요한 저술로 꼽히며, 루터 신학을 논할 때 가장 많이 인용될 정도로 가치가 있다"라고 소개한다.[240] 그리고 루터 스스로 이 작품을 얼마나 대단히 중시했는지는 그 서문에 명확하게 표현되어 있다:

> 나 개인에 대하여 말하자면, 나 역시 박사이며 설교자이다. 또 세도를 부리는 누구만큼이나 지식인이고 경험이 많은 사람이다. 그러나 나는 마치 교리문답을 배우는 어린아이와 같다. 매일 아침과 그리고 시간이 있을 때마다 나는 주기도문과 십계명, 사도신조, 시편 등을 한 마디 한 마디씩 되풀이하여 말하곤 한다. 나는 아직도 교리문답을 매일매일 읽고 연구해야만 한다. 내가 바라는 대로 다 숙달하지 못했으며, 또 그럴 수도 없기 때문이다. 교리문답에 관한한 나는 어린아이이며 학생으로서 머물러 있어야만 한다. 하지만 나는 그래도 기쁘다.[241]

그러나 루터가 이렇게도 중시했던 두 작품 중 『노예의지론』에 대비하여 대교리문답에 대한 그간의 국내연구가 희소했다는 것은 놀라운 일이다.[242] 이제 이 문답서를 면밀히 살피는 일을 통하여 루터 사상의 핵심이 무엇인지를 확인해 보려고 한다. 개혁신학자로서 이러한 연구를 진행하는 또 다른 의의는 루터의 대소교리문답이 청년 칼빈의 신학 형성에 지대한 영향을 미쳤다고 학자들이 일반적으로 인정하고 있기 때문이다.[243]

이어지는 본론에서 먼저 『대교리문답』의 작성 경위와 주요 판본들에 대한 검토를 하고(2), 이어서 『대교리문답』의 다섯 부분을 순차적으로 분석하면서 핵심 사상 파악에 힘쓸 것이며(3), 이러한 논구를 함에 있어서 2.2.에서 소개할 『대교리문답』의 여러 판본들과 관련된 1,2차 연구서들을 참고하려고 한다. 본고는 루터의 『대교리문답』에 담긴 그의 주요 사상을 파악하는데 목적이 있기 때문에, 개혁주의 관점에서의 비판적 자세는 가지되, 이해하고 동정적인 자세에서 접근할 것임을 미리 밝히는 바이다.

2. 『대교리문답』의 역사적 배경과 텍스트

1529년에 출간된 루터의 『대교리문답』의 내용을 본격적으로 분석 논구하기 전에 먼저 살펴보고자 하는 것은 이 문답서의 작성경위 내지 역사적 배경에 대한 논의와 원전과 주요 번역본들에 대한 개략적인 소개이다. 『대교리문답』의 역사적 배경을 잘 이해할 때에 텍스트에 담겨진 루터의 신학사상을 파악해 내는 일이 수월해지기 때문에 첫 번째 논의가 필요하고, 『대교리문답』의 원 텍스트와 영어와 한글로 된 주요 역본들에 대한 소개 역시 본고의 논의를 위해서나 앞으로의 논의를 활성화시기키기 위해서 필요하다고 판단되기에 소개해 보려는 것이다.

2.1. 『대교리문답』의 역사적 배경

루터의 『대교리문답』과 『소교리문답』은 1529년에 출간되었는데, 그 정확한 시기에 대해서는 다소간 논쟁이 있다.[244] 관련 자료들을 천착하여 쓴 "루터의 대·소교리 문답서 연대에 관하여"라는 논문에서 김효종이 제시하는 바에 의하면, 차트로 만든 루터의 소교리문답은 이미 1529년 1월에 인쇄 보급되기 시작했으며, 동년 4월 23일에 『대교리문답』이 시장에 나왔으며, 5월 16일에는 『소교리문답』 도 시장에 나왔다고 한다.[245] 당시의 정황을 고찰해 볼 때에 루터는 두 개의 교리문답서를 거의 동시적으로 저술했던 것으로 판단되어진다. 그러면 이제 『대교리문답』의 저술 배경에 대해서 고찰해 보

도록 하겠다.[246]

먼저 역사적인 배경을 살펴보기로 한다. 농민전쟁이 끝나던 해인 1525년 10월 루터는 작센의 선제후Kurfürst von Sachsen인 요한 불변공(Johann der Beständige, 1468-1532)에게 영내에 있는 지역 교회 목회자들과 교회를 방문 시찰하는 일에 대해 건의하기 시작한다.[247] 1526년 11월에는 이러한 시찰단의 구성에 대해서도 상세하게 건의하는데, 경제상태에 대해서 시찰할 2명과 개개 교구와 교회의 신앙 상태를 조사할 2명 등 4명으로 구성된 시찰단을 구성하여 가동할 것을 제안한다. 이와 같은 루터의 계속되는 건의와 요청을 받아들여 1527년 2월에 교회 시찰이 시작되기에 이르고, 그 과정에서 멜랑히톤과 아그리콜라(Johann Agricola, 1494?1566)간에 논쟁이 발생하게 되면서 시찰단의 지침을 발간할 필요성이 제기되기에 이른다. 그리하여 멜랑히톤의 손에서 저술되고 루터의 전반적인 검토와 동의하에 1528년 3월에 출간된 것이 『작센 지방 목회자들을 순방한 팀을 위한 지시문』이라는 책자이다.[248] 그리고 루터 조차도 동년 10월 22일에 비텐베르크 주변 교회들을 시찰하는 일에 참여하게 된다.[249] 이전에도 보고를 통해 종교개혁 초기의 작센 지역의 교회 형편과 목회자의 수준에 대해서 많이 듣게 되었지만, 스스로 교회 시찰에 참여함을 통해서 루터는 상황의 심각성을 깨닫게 되었다. 일반 신자들의 무지뿐 아니라 목회자들의 무지함에 루터는 경악하게 된다. 사태가 얼마나 심각했는지는 1529년 5월에 출간한 루터의 『소교리문답』 서문에서 잘 드러나고 있다.

> 근간에 내가 여러 곳에 있는 교회를 순회하고 신자들의 비참한 종교 생활 상태를 목격한 나머지 목격한 나머지 극히 쉬운 문장과 작은 책자로써 준비된 본 교리문답서를 내놓아 기독교 교리를 설명하도록 한 것이다. 아! 불쌍하다. 내가 직접 본 비참한 상태를 슬프다 아니할 수 없다. 특히 시골에 사는 일반 민중들은 기독교 교리에 대한 지식이 전혀 없고, 대부분의 전도자들은 가르치기에 부적당하고 부적격하다. 저들은 스스로 크리스찬이라고 말하며 세례를 받았다고 하며 주의 성찬에 참여할 것을 주장하나 주기도문, 사도신조, 십계명 조차도 알지 못한다. 저들은 마치 돼지나 이성이 없는 짐승들과 같은 생활을 하며 복음이 전하여진 오늘날에 있어서 아직도 크리스찬의 자유를 남용하고 있다.[250]

루터가 면죄부의 효력에 관한 95개 논제95 Thesen을 비텐베르크 성교회 문에 못질함으로 발발하게 된 종교개혁 11년

이 지난 후의 작센 지역 교회의 상황이 그러했다. 이에 루터가 신자들, 특히 청년들과 어린이들 교육에 사용할 교리문답서 출간의 필요성을 느껴서 처음에는 벽에 걸어두고 사용할 수 있도록 차트로 만들고 후에는 소책자로 출간하게 된 것이 『소교리문답』이고, 목회자들이 "더 정밀하고 광범위한 지식"을 전달하도록 하기 위해 출간한 것이 『대교리문답』이다.[251] 사실 역사적으로 살펴볼 때 후자 보다는 전자가 비교할 수 없을 만큼 폭발적인 인기를 누렸으며, 현재까지도 루터교 신앙 교육서로 활용되고 있다.[252]

하지만 우리가 주의해야 할 것은 루터가 1528년에 이르러서야 교리문답 형태를 통한 교육의 필요성을 절감하거나 시행한 것이 아니라는 점이다. 루터는 개혁 초기부터 기독교 교리의 세 가지 조항(십계명, 사도신경, 주기도문)에 대한 설교나 강론을 하였고, 인쇄물로 출간하기도 했다.[253] 1528년만 해도 세 번이나 교리문답 설교들을 비텐베르크 시교회당St. Marien Kirche에서 전했다(5월 18일에서 30일까지, 9월 14일에서 25일까지, 그리고 11월 30일에서 12월 19일까지).[254] 이 세 번에 걸친 교리문답 설교 가운데 11월 30일에 시작하여 12월 19일에 마친 설교들은 『대교리문답』의 저술 시기에 행한 설교들일 뿐 아니라 내용을 비교해 보면 『대교리문답』이 선행하는 설교들에 바탕하고 있음을 확인할 수가 있다.[255] 그래서 "머리를 쥐어뜯지 않고도 읽어내려갈 수 있다"고 한 최주훈의 평가대로 우리는 『대교리문답』을 술술 읽어나갈 수가 있게 된 것이다.[256]

2.2. 『대교리문답』의 텍스트와 주요 역본

앞서 살펴본 것과 같이 『대교리문답』은 1529년 4월에 독일어로 출간되고, 인문주의자이자 문헌학자이던 빈센트 옵소포이우스Vincent Opsopoeus의 라틴어 번역본도 같은 해에 출간되었다.[257] 역사적으로 살펴볼 때 라틴어 보단 독일어 원문이 더욱 중시되고 일반적으로 사용되어 왔다. 그러나 루터가 사용했던 16세기 독일어와 현대 독일어간에는 상이점이 있기 때문에 오늘날의 독자들을 위하여 현대 독일어로 바꾸려는 노력이 지속되어 왔다. 이 항목에서 우리는 독일어 원전과 주요 영역본과 한역본에 대한 간략하게 살펴보려고 한다.

(1) 독일어 판본들

루터가 1529년에 간행했던 독일어 판본은 팩시밀리 판으로도 접근 가능하지만, 최근의 인쇄된 형태는 표준판이라고 할 수 있는 바이마르전집 30권 1분책WA 30/1에서 볼 수가 있다.[258] 또는 클레멘스 편집판에서도 쉽게 찾아볼 수 있다.[259]

16세기 독일어는 현대 독일어와 다르고, 또한 라틴어식 알파벳과는 달리 프락투어슈리프트Frakturschrift로 되어 있기 때문에, 현대인들이 활용하기에는 여러모로 불편한 감이 있다. 그래서 현대 독일어로 옮기는 노력들이 많이 이루어졌다. 대표적으로 Calwer판을 들 수가 있다.[260] 1580년 처음 출간된 루터교 신앙고백문서집*Concordia, Book of Concord*에 수록되기도 했는데, 이레네 딩얼이 편집한 『복음주의 루터교회의 신앙고백문서집』이 최신의 판본이다.[261]

(2) 영역본

루터의 『대교리문답』은 영어로 다양한 판본이 존재한다. 20세기 초에 간행되어 많이 보급된 바가 있는 렌커 번역판이 있지만,[262] 씨어도어 태퍼트Theodore G. Tappert가 편집한 루터교 신앙고백문서집*The Book of Concord* 가운데 수록된 것이 20세기 말까지 많이 활용된 영역본이라고 할 수가 있다.[263] 로버트 피셔가 번역한 『대교리문답』은 별도의 책자로 출간되기도 했다.[264] 두 번째로 언급하고자 하는 것은 콜브와 벵어트가 편집한 루터교 신앙고백문서집의 새로운 번역판이다.[265] 이 문서집에 실린 대교리문답은 키르시 스체르나Kirsi I. Stjerna가 편집하고 주해를 달아서 별개로 출판하기도 했다.[266]

(3) 한역본

국내에 루터의 『대교리문답』이 처음 소개된 것은 지원용 박사의 노고 덕분이다. 그는 1960년대에 「루터 연구」를 통해 『대교리문답』을 나누어 번역 소개했고, 마침내는 그가 주도하여 출간하게 된 『루터선집 9: 세계를 위한 목회자』를 통해 대중들에게 소개되어졌다.[267] 편역자 서문에서 독일어 원문의 소재를 밝혀주고 있긴 하지만, 대체적으로 앞서 소개한 로버트 피셔의 영역문을 토대로 한 번역본인 것이 확인되어진다.[268] 지원용의 역본은 한국 학자들의 루터 연구에 지속적으로 참고되어왔다. 그러나 종교개혁 500주년을 맞이하면서 독일어 원문에서의 번역본이 출간되어졌다. 현재 서울 중앙 루터교회 담임목사인 최주훈목사에 의한 번역으로 2017년 1월에 출간되었다. 아무래도 독일어 원서에 근거한 번역이니 만큼 중역본 보다 더욱더 정확한 번역이라고 할 수가 있겠다.[269]

3. 루터의 『대교리문답』 내용 분석

루터의 『대교리문답』은 『소교리문답』처럼 총 다섯 부로 구성되어 있다. 십계명으로 시작해서, 사도신경, 주기도문 그리고 세례와 성찬의 순서로 다룬다.[270] 그리고 두 개의 특별한 서문이 선행하는 것을 보게 된다. 하나는 초판서문(1529년)으로 일반 독자들을 위해 쓴 것Vorrede an Jedermann이고, 또 다른 하나는 3판(1530년) 서문으로 "목사와 설교자들을 위하여"Für die Pfarrer und Prediger 쓴 것이다.[271] 또한 다섯 번째로 성찬을 다룬 후에는 "참회에 대한 짧은 권고"Eine kurze Vermahnug zur Beichte가 뒤따른다.[272] 이제 우리는 이러한 구조로 되어있는 루터의 『대교리문답』의 핵심이 무엇인지를 분석해 보고자 한다.[273]

3.1. 두 개의 서문

(1) 목사와 설교자들을 위한 서문

원래는 3판에 첨부된 것이지만, 후대 편집에서는 초판 서문보다 앞세워 놓여진다. 이는 『대교리문답』이 일반인들 보다는 목회자들을 위하여 출간된 것임을 잘 보여준다. 루터는 무엇보다 당시 작센지역 목회자들이 "게으르고 태만한 현실"에 대해 탄식한다.[274] 하루 7회씩 기도하던 수고로움에서 벗어나 이제 "복음으로 살아야"할 목회자들이 "개나 돼지처럼 게으르고 더럽고 비굴하게 제 맘대로 육체의 소욕대로" 살고 있는 비참한 현실이었다. 그런 이들은 교리문답서도 "대충 한 번 훑어보고서는 다 아는 것"처럼 여긴다고 루터는 비판한다.[275] 루터는 자신이 비록 신학박사이자 설교자임에도 불구하고 "매일 아침, 그리고 시간 날 때 마다 십계명, 신조, 주기도, 시편을 또박 또박 입으로 소리 내어 읽"고 있다고 고백하면서, 교리문답서는 쉽게 통달되는 것이 아니고 "매일 읽고, 숙고하고, 함께 말할 때마다 거기서 새롭게 배울 것과 열매들을 계속 발견하게" 된다고 독려한다.[276] 루터는 교리문답서에 담긴 하나님의 말씀을 매일 같이 "암송하고, 그것으로 고민할 때 생기는 특별한 도우심"으로서 "악마와 세상과 육에 대항할 수 있게" 한다고 지적한다.[277] 특히 루터에게 있어서 "천의 얼굴"을 가진 마귀(Teufel)를 대항할 수 있게 해준다고 하는 말씀의 유익은 대단히 중요하게 여겨지고 강조되어진다.[278]

루터는 교리문답서의 중요성을 "성경 전체의 요약이며 정수"ein kurze Auszug und Abriß der ganzen Heiligen Schrift라고 적시하면서,[279] 그것을 "부단히 읽고, 가르치고, 배우며, 고민하고 또 고민해야 한다"고 권한다. 심지어는 그러한 학습에 온갖 열심을 내는 자들에 대해 "하나님은 누구를 막론하고 그를 특별한 사람으로 세우실 것"이라고까지 장담하기도 했다.[280] 루터는 이처럼 교리문답서를 통한 지속적인 말씀연구에 대해 다양하게 강조했다. 심지어는 말씀을 가볍게 여기는 목회자들에 대하여 거치른 말을 아끼지 않기도 했다.[281] 서문을 끝내면서는 "배를 굶고 목말라 보"라고 탄원하기도 한다.[282]

(2) 초판 서문(모든 이들을 위하여)

반면에 초판 서문은 모든 독자층을 위해 쓰여졌다. 서문을 시작하며 "이 설교는 아이들과 교육받지 못한 일반 신자들을 가르치기 위해 준비된 것"이라고 말한다. 이로서 『대교리문답』이 1528년에 루터가 시교회에서 전한 교리문답 설교를 바탕으로 하고 있음을 드러내고 있다고 할 수가 있다.[283] 루터는 카테키스무스Katechismus라는 용어가 "어린아이를 위한 가르침"을 의미하며, "그리스도인이라면 누구나 이 내용을 반드시 알아야"할 것으로 설명한다. 심지어는 이러한 교리문답 지식을 가지지 않았다면 "그리스도인이라고 할 수도 없고, 어떤 성례전도 허용할 없"다고 말하기까지 한다.[284]

루터는 젊은이들에게는 "부지런히 배우고 열심히 익혀서 행동으로 나타나게"해야 할 것을 권했고, 가장들에게는 일주일에 한 번씩이라도 자녀들에게 문답식으로 교육해야 한다고 강조했다.[285] 그리고 남녀노소할 것 없이 성례전에 참여하고자 할 때 반드시 "기독교의 가르침이 무엇인지" 알아야 한다고 말한다. 루터는 서문에서 기독교 신앙의 다섯 기둥을 소개하는데, 우선 십계명, 사도신경, 주기도문에 대해 "적어도 그리스도인이라면 반드시 알아야 할 필수 항목 세 가지"라고 규정했다.[286] 혹은 "이 세 항목은 우리가 가지고 있는 성경 전체를 아주 짧고 이해하기 쉬운 방법으로 요약"한 것이며, "여기에는 이전부터 내려온 모든 가르침이 요약되어"있으며, "그리스도인이 배워야 할 모든 가르침, 삶, 지혜, 그리고 무엇을 말하고 어떻게 행동해야 할지, 어떤 곳에서 살아가야 할지에 대한 문제가 모두 담겨있다"고 말한다.[287] 루터는 이 세 가지에 이어 "그리스도께서 직접 제정하신 성례전"인 "세례와 거룩한 몸과 피인 성만찬"에 대한 본문들을 덧붙혔다.[288]

루터는 이렇게 하여 다섯 가지를 교리문답 교육의 5대 항목으로 삼는다. 그리고 이 다섯 가지를 일컬어 "다섯 부분으로 된 전 기독교의 가르침"die gesamte christliche Lehre in allem fünf Stücke이라고 부른다.[289] 루터는 교리문답에 통달하기까지 공부할 것을 권하고, 나아가서는 시편과 찬송들을 배워야 한다고 권한다. 루터가 항상 염두에 둔 것은 어린아이들과 청년들이 이러한 말씀의 지식에서 더욱 성장하도록 도우려는데 있었음이 서문 곳곳에서 발견되어진다. 또한 이제 다섯 항목에 대해서 차례대로 설명함에 있어서도 "각각의 주제들을 최대한 선명하고 가장 적절한 방법"을 사용할 것임을 밝힌다.[290]

3.2. 십계명

루터가 기독교 신앙의 다섯 기둥으로 삼은 것들 중 첫 번째 기둥은 십계명이다. 루터는 십계명에 대한 설명으로 『대교리문답』을 시작한다.[291] 십계명 해설에 할애한 분량이 나머지 네 항목에 대한 해설과 분량이 엇비슷할 정도로 루터는 십계명을 중시해서 다루었다.[292] 루터는 십계명을 통해 "하나님이 우리에게 권하는 일과 금지하는 일이 무엇인지 볼 수" 있게 한다고 말하고, "이것을 하나님께서 우리에게 주신 다른 어떤 가르침 보다도 최고의 보화로 여기고 높요야 한다"고 말하기도 한다.[293] 흔히 "율법과 복음"Law and Gospel이라는 대조를 통해 루터는 이신칭의 복음을 강조하고 율법을 약화시키거나 폐기처분한 것처럼 오해하는 이들이 있는데, 우리는 루터의 십계명에 대한 해설을 통해 그가 얼마나 하나님의 율법에 대해 존중심을 가지고 있는지를 확인하게 된다.[294]

(1) 제1계명(너는 나 외에는 다른 신들을 네게 두지 말라)

루터는 제1계명을 "머리에 해당하는 첫 번째 계명"이라고 명명하면서 무척이나 중시해서 다룬다.[295] 1계명의 의미를 "오직 나만 너의 신으로 섬기라"는 뜻으로 풀이한다.[296] 루터에 의하면 신Gott이란 "사람들이 소망하는 모든 좋은 것, 온갖 시련의 피난처가 되는 대상"을 가리키며, "어떤 신을 섬긴다는 말은 그 대상을 진심으로 믿고 신뢰하는 것"을 의미한다고 해석한다.[297] 따라서 제1계명이 명령하는 바는 "무엇이 참되고 유일한 신인지 올바로 판단하여 마음을 오직 그곳에만 두라는 뜻"이라고 말한다.[298] 혹은 "진실한 마음으로 하나님께 매달리는 것은 그분을 전적으로 신뢰하고 의지한다"는 뜻이 된다고 말하기도 한다.[299] 따라서 하나님께 대한 바른 예배를 드리며, 하나님으로부터 근원하는 참으로 선한 것들을 기대하고 구하는데서 하나님 신앙은 확인되어질 수가 있게 된다. 루터는 우리들의 어떠한 형편에서든지 하나님을 의지하고 살아야 할 것을 강조한다.[300] 특히 "불행으로터 보호하시고 구하시며 도우시는 분"으로, "가장 선한 것들이 넘쳐나는 영원한 '원천수'"로 하나님을 신뢰하고 의지할 것을 권한다.[301] 우리는 사람들의 도움을 받을 때에도 그들을 "모든 것을 주시는 하나님의 손이자 통로이며 수단"으로 여겨야 한다.[302] 루터는 특히 "곤궁과 어려움에 처해 있을 때… 그때 오직 하나님께만 좋은 것을 기대하고 다른 모든 것을 거부하고 버릴 마음이 있다면, 당신은 바른 하나님을 섬기고 있는 것"이라고 말한다.[303]

루터는 제1계명에 부가된 하나님의 위협과 약속의 말씀들(출 20:5-6)에도 주목을 한다. 하나님께서는 "그분을 온 마음으로 신뢰하고 믿는 자에게 얼마나 친절하고 자비롭게 대하"시는지도 보여주지만, 계명을 도외시하거나 경멸하는 자에게는 "하나님의 진노는 쉼이 없고, 저들이 완전히 사라질 때까지 사 대"에 이른다고 하는 약속과 위협의 말씀을 해설하면서 "대충 살아서는 안"된다든지, "하나님을 두려워해야지 무시해서는 안"된다고 권면한다.[304] 또한 1계명에 대한 설명을 마무리지으면서 "그러므로 첫째 계명을 잘 배웁시다."라고 권면하기도 한다. "순전한 마음으로 하나님을 섬기며 이 계명을 지킨다면 다른 모든 계명은 저절로 성취될 것"이라고 말함으로 1계명의 중요성을 다시 한 번 강조한다.[305] 또한 2-10계명을 바로 이해하는데 있어서 1계명의 중요성을 잊지 말아야 할 것을 적시해 준다.

(2) 제2계명(너는 네 하나님 여호와의 이름을 망령되게 부르지 말라)[306]

하나님에 대한 "바른 마음과 바른 믿음이 무엇인지"를 1계명에서 설명했다면, 이어지는 2계명은 "우리의 입술과 혀가 하나님께 합당한 자리에 위치하도록 가르"친다고 루터는 말한다.[307] 하나님의 이름을 망령되게 부르지 말라는 것은 "입으로는 하나님을 주님이라고 부르면서 매사에 거짓과 악한 습관을 일삼는 것" 즉, "하나님의 이름을 거짓이나 속임수에 이용"하려는 것을 금지한다는 의미라고 해설해 준다.[308] 주로 그러한 오용은 "돈과 재물과 명예와 관련된 세상사"에서 빈발하는 것이다. 루터는 심지어 "거짓말을 하나님 말씀인 것처럼 지껄이는" 거짓 설교자들에게도 적용한다.[309] 그것 자체로 이미 죄라고 할 수 있는 "거짓말과 속임수"를 "하나님의 이름을 들먹이며 정당화시키고 설득하고 거기에 두터운 망토를 덧입히려"고 하는 행위는 죄를 더욱 가중시키는 것이다.[310] 루터는 특히 아이들에게 이 오용에 대해서 엄하게 경계시켜야 한다는 점을 강조한다.[311]

하나님의 이름을 오용하는 것에 대해 금지하는 2계명은 또한 긍정적인 명령을 담고 있다고 루터는 해석한다. 즉, "하나님이 우리에게 자신의 이름을 알려주신 이유는 그 이름을 잘 사용하고 잘 쓰라"는 의미라고 본다.[312] 하나님의 이름을 선용하라는 해설은 주기도문의 첫 번째 간구(이름이 거룩히 여김을 받으시오며)의 의미와 통한다고 루터는 본다.[313] 따라서 우리는 "진리를 위해 그분의 이름을 사용하고, 모든 선한 일에 선용" 해야 하며, "그분의 이름으로 바르게 서약"할 수도 있다고 말한다.[314] 루터는 하나님의 이름의 선용과 관련해서도 아이들의 교육문제에 대해 빠트리지 않고, "아이들이 접하는 모든 상황과 환경 속에서 하나님의 이름을 존경하며 말하도록 가르치라"고 가장들에게 권한다.[315] 또한 루터는 하나님을 의지하고, 범사에 하나님의 이름을 불러 기도하는 것은 "복되고 유익한 습관"이자, 살면서 겪는 "모든 환난을 이기게"한다고 말한다.[316]

(3) 제3계명(안식일을 기억하여 거룩하게 지키라)

루터는 안식일Sabbat의 의미가 문자적으로 "노동 후 쉼"Feierabend machen 또는 "거룩히 구별된 저녁을 누린다"heiliger Abend geben는 의미라고 해설해 준다. 달리 말하자면 "쉼의 날, 잔치와 축제의 날"인 셈이다.[317] 6일 창조후 일곱째 날에 안식하도록 하신 것은 유대인에게 주어진 "외적인 것"이며, 신자들은 "그리스도를 통해 이 모든 외적인 형식으로부터 자유롭게 되었"다고 루터는 선언한다.[318] 안식일을 명하신 것은 "육체의 필요" 때문이기도 하지만 "함께 모여 하나님을 예배하고 말씀을 듣는 시간을 가지도록 하기 위해서"라고 그 본질을 적시한 루터는 "특정한 하루가 다른 요일보다 선한 것이 아니"라는 주장을 한다.[319] 왜냐하면 "본질적으로 보면, 특정한 하루만 거룩하게 여기고 인위적으로 거룩하게 만들 필요는 없"기 때문이요, "모든 날(일상의 시간)이 본래 거룩하게 창조되었기 때문"이라는 것이다.[320] 그러나 루터는 칼슈타트와 달리 급진적인 개혁을 추구하지 않는다. 그는 일주일 중 하루를 떼어 예배를 드려야 하고, "예로부터 일요일은 이런 목적을 위해 이용되었기 때문에 불필요하게 변경할 필요는 없"다라고 이어서 말한다.[321]

루터는 안식일 계명의 핵심은 "하나님의 말씀을 배우는" 데 있다고 말한다.[322] 루터는 안식일을 거룩하게 지킨다는 것 또한 "하나님의 말씀을 좇아 부단하게 살아가는 것"이어야 함을 말하기도 한다. 심지어는 "태아를 몸 안에 품듯 끊임없이 말씀과 함께 살아가는 것이야말로 안식일 계명의 바른 준수"라고 말한다.[323] 루터에게 있어 말씀이야말로 "모든 거룩한 것" 즉, 로마교회의 성유물보다 더 거룩한 것이요, "각 사람의 인격과 시간과 행위들을 거룩하게 만드"는 힘을 가지고 있다.[324] "모든 것은 하나님의 말씀에 달려 있기" 때문에, "예배 장소, 시간, 인원 및 모든 예배의 순서는 하나님의 말씀의 능력이 밝히 드러나도록 구성"해야 한다.[325] 나아가서 말씀을 전하고 듣기만 할 것이 아니라 잘 배운데로 지켜 행하는데로 나아가야 할 것을 말하기도 했다.[326] 루터의 안식일 계명의 해설은 하나님의 말씀에 강조점을 두고 설명이 되어지는 것을 알수가 있다. 루터는 종교개혁을 통해 회복한 말씀을 전하고 들을 수 있는 권리를 소홀히 하지 않도록 여러 가지로 강조하는 것을 볼 수가 있다.[327]

(4) 제4계명(네 부모를 공경하라)

앞서 살펴본 1-3계명이 하나님을 향한 계명이라면, 4-10 계명은 "이웃과 관계된 것들"이라고 루터는 바르게 이해한다.[328] 이웃에 대한 계명중 루터는 4계명 "네 부모를 공경하라"는 계명을 중시하여 자세하게 상술하여 준다.[329] "부모의 지위는 다른 어떤 지위보다 특별하고 우월하다"고 루터는 말한다. 심지어 "하나님 바로 옆자리에 두고 이 계명을 가르"친다고 말한다.[330] 따라서 부모에 대해 사랑하는 것보다 훨씬 더 "공경하라"고 권면한다. 이는 "무엇보다 온 마음과 정성을 다해 부모를 대하고 그렇게 행동하면서 하나님 다음 자리에 계신 높은 분으로 여기라"는 의미로 설명한다.[331] 부모가 훌륭하든지 그렇지 않든지 상관없이 하나님께서 그렇게 창조질서로 구별하셨기 때문에 자녀들은 부모를 공경하는 것이 마땅하다고 루터는 당위성을 제시한다. 그리고 구체적으로 어떻게 공경할 것인지에 대해서도 말해주는데 첫째, "부모를 이 세상에서 가장 귀한 보배로 여기고 존중"하라는 것, 둘째, "공손한 언어를 사용하고, 고집 피우거나 속을 긁는 말은 삼가"할 것, 셋째, 우리의 "몸과 물질을 사용하여 부모공경을 증명"하라는 것이다.[332] 루터 당시에도 부모공경의 계명을 무시하는 경향이 많았던 것 같다. 루터는 하나님의 계명을 잘 깨닫고 실천할 수 있도록 하는 마음은 "성령"이 주셔야 한다고 생각했다.[333]

루터는 부모공경의 당위성만 말하지 아니하고, "그리하면 네 하나님 여호와가 네게 준 땅에서 네 생명이 길리라."(출 20:12)는 복된 약속을 덧붙여 주심으로 순종을 자극한다고 말한다.[334] 루터는 이 약속이 의미하는 바는 "복되게 장수하는 것" 즉, "우리의 삶이 좋은 것으로 가득하게 하며, 유연하고 달콤한 인생을 최대한 누리도록 하는 것"이라고 해설해 준다.[335] 루터는 또한 부모공경의 계명이 단지 육신의 부모에만 해당하는 것이 아니고, "명령하고 다스리는 윗사람"들에게 적용되어진다고 해석한다. 그는 "세 종류의 아버지 곧 혈

육, 집, 국가의 아버지"를 말한다. 나아가서는 "하나님의 말씀으로 세움받고 다르시는 사람"인 "영적 아버지"에 대해서도 언급한다.[336] 또한 윗사람의 직무를 어떻게 감당해야 하는지에 대해서도 말해준다.[337] 루터는 특히 자녀들이나 청소년들을 잘 가르치고 교육해야 할 책무에 대해서 강조한다. 그리고 하나님의 뜻에 따라 바르게 양육하고 훈육할 때에 "섬세하고 능수능란한 미래의 지도자들"을 얻게 될 것을 강조했다.[338]

(5) 제5계명(살인하지 말라)

루터는 4계명이 "하나님과 세상이 가진 권위에 대한 복종의 문제"인 반면, 5계명 부터는 "각자 삶 속에서 이웃과 깊은 관계를 맺으며 살아가는 이웃의 문제"에 관련되어 있다는 점을 먼저 지적한다.[339] 살인 금지 계명은 또한 "하나님께 공적 권한을 위임 받은 세상 정부"와는 관계없이, 개인들에게 주어진 계명임을 또한 강조한다. 산상설교(마 5:21-26)에 따라 단지 살인만이 아니라 "이성을 잃고 분노하는 것도 금지"하는 계명임을 말한다.[340] 5계명을 주신 까닭은 "세상이 매우 악하고 불행으로 가득 차 있기 때문"이라고 지적한다. 하나님은 분쟁 많은 세상 속에서 사적으로 복수하는 것을 금지하심으로 "이웃에 대한 안전한 보호 장벽과 보루와 도피성"을 제공하신

것이다.[341]

루터는 5계명에 담긴 내용을 어떤 수단 방법을 사용하든 "이웃에게 해를 끼치면 안된다는 것"과 이웃의 육체와 생명이 위험에 직면할 때에 외면하지 말고 도와주라는 것으로 요약해 준다.[342] 루터는 "아무에게도 해를 입히지 말고 도리어 선과 사랑으로 모든 사랑으로 모든 사람에게 증명하라"는 것이 하나님의 의도라고 말하고, 이웃에게만 아니라 "원수에게도 사랑을 베풀고 선한 행동을 하라고 명령"하시는 것으로 이해한다.[343] 루터는 카르투지오 수도원 생활보다 이렇게 "하나님의 계명을 행하"며 사는 "평범한 그리스도인"으로 살아가는 것이 "바르고 거룩하며 신성한 일을 실천하는 것"이라고 강조한다.[344]

(6) 제6계명(간음하지 말라)

루터는 6-10계명이 "모든 각종 해악으로부터 우리 이웃을 보호하기 위한 것인데 놀라울 정도로 잘 배열되어 있"다는 말로 6계명 해설을 시작한다. 6계명에서는 "가장 가깝고 아끼는 사람이라고 할 수 있는 부부관계"부터 다루고 있음도 적시한다.[345] 루터는 6계명에서 "자기 아내에게 수치와 해를 끼치지 않는 것이야말로 이웃 사랑의 확장"이라는 점을 가르치고 있다고 강조한다.[346] 루터는 이 계명이 단순히 부정한 행동만 아니라 "부정한 모든 종류의 원인, 동기, 수단과 방법들을 모두 금지"하는 것이라고 해설한다. 하나님께서 이 계명을 주신 것은 "모든 부부가 스스로 절제하며, 죄에서도 지켜지고 보호되기를 원하"시기 때문이다.[347]

루터의 결혼관은 중세의 부정적인 결혼관을 뛰어넘고 있음을 이 대목에서 확인하게 된다. 즉, 루터에 의하면 결혼은 하나님께서 귀하게 여기시는 일이고, "반드시 필요한 것"이다.[348] 결혼을 천시하고 사제들로 하여금 독신생활을 하게 하던 것에 반대하며 "하나님은 그 어떤 삶의 자리보다 결혼에 풍성한 복을 주셨"다거나, "진실로 결혼은 우리 마음의 정결을 유지시키는 하나님의 은혜"라고 말하기도 한다.[349] 또한 합법적인 결혼을 통하여 "서로 진실한 열매를 맺어 자녀를 낳고 그들을 하나님의 영광을 위해 양육하고 성장"하도록 하는 것이 결혼의 목적이라는 점도 강조한다.[350] 결론부에서 루터는 "부부의 정결함은 남자와 여자가 서로 사랑하며 존경하며 살 때 이뤄"진다고 적시한다.[351]

(7) 제7계명(도둑질하지 말라)

"도둑질하지 말라"는 7계명에 대한 해설을 시작하면서 루터는 강한 어조로 "실제로 모든 도둑을 교수형에 처한다면 아마 세상은 텅 비어 버리고 급기야 사형집행인도 찾기 어렵게 될 것"이라고 말한다.[352] 7계명이 의미하는 바는 "타인의 소유물을 부정한 방법으로 취하는 것"을 금지할 뿐 아니라, 넓은 의미에서는 "자기 이익을 위해 타인에게 부당한 손실을 끼치는 모든 행위"를 의미하기 때문이다.[353] 루터는 "태만하고 게으르며 양심없"이 대충 일하는 남종과 여종도, "대충 일하면서 공돈이나 바라고 사기 치고 자기 일에 성실하지 못한" 일군들도, 공공적인 자리에서 "법의 테두리 안에서 절도하고 도적질"하는 자도 다 도둑이라고 말한다.[354] 7계명의 "적용의 폭"이 넓다고 말하는 루터는 심지어 "황제와 영주들을 대동하여 이 도시에서 저 도시로 옮겨 다니며 온 독일 천지를 매일 약탈"하는 큰 도둑들과 이들을 "보호하는 우두머리"인 교황을 큰 도둑이라고 적시하기도 했다.[355] 루터는 또한 "극악무도한 고리대금업자들"이나 "지독히 오만한 상인과 노동자들"에게도 이 계명을 적용해서 질타한다.[356]

루터는 7계명의 적용 범위에 대해 상술한 후에, 이 계명을 깨트리는 자에게 하나님이 어떻게 벌하시는지를 밝힌다. 하나님께서는 "도둑질이나 부정한 방법으로 취한 재물은 오래가지 않"도록 심판을 하신다는 것이 루터의 경고이다. 때로

전쟁을 통해서나, 가정을 황폐하게 해서나, 혹은 처자의 목숨을 거두어 가심을 통해서 그렇게 하신다고 설명한다.[357] 루터는 가난한 자들에게 인색하게 굴거나 심지어 "그를 업신여긴 나머지 뼈에 사무치도록 모질고 경솔하게 대"하는 자들은 결국 하나님을 대적하는 자들이라고 비판한다.[358] 하나님께서는 "가난한 자와 그들의 눈물을 끌어안으시"는 분이시기 때문이다.[359] 루터는 7계명을 통해 우리가 적극적으로 이웃의 "재화를 증진"시키거나 "어려움을 당할 때 돕고, 나누며, 손을 내밀어 내 소유도 꾸어 주어야"한다는 것을 가르친다고 해석한다. 이러한 일들은 "하나님 마음에 합한 것이고, 참으로 복된 일"이며, "부정과 불의로 긁어모은 재산과는 비교할 수 없는 기쁜 양심"으로 만족하게 되는 길이라고 루터는 결론을 짓는다.[360]

(8) 제8계명(네 이웃에 대하여 거짓 증거하지 말라)

8계명은 인간에게 "없어서는 안 될 또 하나의 보물"인 "명예와 명성"에 대한 것이라는 말로 루터는 해설을 시작한다.[361] 루터는 8계명이 뜻하는 바는 "모든 사람이 이웃을 도와 그의 권리를 지탱하"라는데 있다고 해설한다. 그는 법정에서나, 영적인 영역에서나 이 계명을 실천해야 한다고 나열한다.[362] 이

계명은 또한 "입술로 이웃을 깎아내리는 것", 소위 험담하는 것을 금한다고도 말한다. 권한을 부여받은 자들외에는 "이웃을 공적으로 비난하거나 판단할 권리가 없다"고 루터는 구체적으로 적시한다. 그래서 이웃의 죄에 대한 소식을 들었거나 목도한다고 해도 "그것을 말로 퍼뜨릴 권한은 없"기 때문에 "죄를 벌하는 대신 그대의 귀를 무덤으로 만들고 그 무덤에 이웃의 죄를 매장"하라고 루터는 권하기도한다.[363] "명예와 명성은 잃어버리기 쉬워도 회복하기는 어렵"기 때문에, 이웃에 대해 험담하거나 중상모략하는 행위는 금해야 한다고 루터는 강조한다.[364] 단, 세상 정부나 설교자 부모 등에게는 "악을 죄라 선언하고 징계"해야 할 공적 직무가 주어져 있다고 말한다.[365] 또한 "교황의 교리와 교황 자신의 문제" 등과 같이 "공적으로 드러난 죄"라면 드러내놓고 비판할 권한도 있다라는 예외도 루터는 인정한다.[366]

루터는 8계명의 뜻과 내용을 다음과 같이 정리해 준다. "누구에게도 혀로 이웃에게 손상을 입히지" 말라는 것, 도리어 우리의 혀를 "이웃의 명예를 세워 주기 위해 힘을 다해 덮어주고 섬기며 도와"주는데 사용하라는 것, "특별히 공적으로 드러난 악한 행실이 아닌 이상, 이웃을 선하게 말하며 해석하는 것은 언제나 귀하고 으뜸가는 덕목"이라는 것 등. 루터는 결론을 지으면서 연약해 보이는 혀만큼 "더 선을 행하거나 더 해악을 끼칠 것은 아무 것도 없"다라고 말한다.[367]

(9) 제9계명과 10계명(이웃의 어떤 소유도 탐내지 말라)

앞서 본대로 루터는 십계명 분류법에 있어 로마교회의 전통을 따르기 때문에, 이웃의 집과 소유물을 탐내지 말라는 계명을 하나가 아니라 두 개의 계명으로 나눈다. 루터는 탐심을 금지하는 계명을 주신 것은 "하나님의 계명을 외형적으로 수행하기만 하면 완벽히 지킨 것으로 여기는" 것을 금하기 위해서라고 말한다.[368] 루터는 유대인들 가운데 유행하던 바 "합법을 가장한 좋은 핑곗거리"를 대면서 이웃의 어떤 소유물을 탐내는 것에 대해 비판적으로 상술한다.[369] 또한 "교묘한 술책과 약삭빠른 속임수를 고안"하여 이웃의 재산을 빼앗는 소송을 하거나, 매우 일상적인 상거래를 하던 루터 당시대 사람들에 대해서도 비판을 한다.[370] 루터는 그러한 자들을 향해 "비록 세상의 눈에 정직하게 비춰질지라도 이웃의 소유를 탐내거나 탈취하려는 마음을 하나님은 싫어하"신다고 일침을 가한다.[371]

루터는 탐내지 말라는 계명에 대하여 결론지으면서 두 가지 요점을 말해 준다. 첫째, "이웃에게 손해를 입히려고 작정하지 말고... 이웃의 소유를 지켜 주며, 유익이 더 많이지도록 도와주라"는 것. 둘째, 계명이 강조하는 것은 그 근본 뿌리인 "질투와 소유욕을 물리"치라는 것이라고 하는 것이다. 루터는 우리들에게 "정결한 마음을 원하"시는데, 이 땅위에 살아가는 동안에는 그 수준에 이를 수 없을 것이라고 단언한다.[372]

(10) 십계명의 마감말(Abschluß)

십계명에 대해 자세하게 해설한 루터는 사도신경으로 넘어가기 전에 십계명에 대한 결론적인 평가를 한다. 이러한 결론부를 통해 사도신경으로 넘어가는 적합한 연결고리를 마련해준다. 루터는 십계명에 대해 "거룩한 가르침의 표본이자 원천이자 통로"라고 하면서 그 중요성을 다음과 같이 말해준다.

> 이것으로 어떻게 행동하는 것이 하나님의 마음에 합한 것인지, 그리고 어떤 것이 선한 행동인지 알게 되었습니다. 세상에서 제 아무리 크고 가치 있는 일이라 해도 십계명 없는 선행, 십계명 없이 하나님을 기쁘게 하는 일이라면 아무 소용이 없습니다.[373]

루터는 이러한 계명들을 "이웃과 만나는 아주 익숙한 일상에서 연습할 수 있는 덕목들"이라고 말하면서, 수도원의 생활

보다 훨씬 더 가치가 있다라고 말한다.[374]

물론 루터는 사람이 이 계명들을 다 성취할 수 있다고 생각하지 않았다. 그 계명들은 "완전하게 성취하는 것은 불가능하다"라고 그도 자인한다. 그래서 우리에게 주어진 것이 사도신경과 주기도문이라고도 말한다. 즉, "신조와 주님이 가르쳐 주신 기도는 이 불가능에 대해 도움을 간구하도록 하며, 끊임없는 하나님의 도움을 받을 수 있도록" 도와준다는 것이다.[375] 뿐만 아니라 루터는 다시 한 번 제1계명의 뜻을 되새김질하고 다른 계명들에 대해 1계명이 어떤 관계를 가지는지를 상기시켜 준다. 십계명은 "하나님을 두려워하라는 것과 하나님을 신뢰하라는 두 점"에 초점을 맞추게 하며, 1계명이 규정하는 마음을 가진 자는 나머지 계명을 지키기 위해 "모든 방법을 동원해" 실천하기 위해 노력할 것이라고 루터는 말한다.[376]

3.3. 사도신경[377]

루터는 사도신경과 십계명의 구별된 특징을 제시함으로 사도신경 해설을 시작한다. "하나님이 우리에게 권하는 일과 금지하는 일이 무엇인지"를 보여주는 십계명에 대비적으로 사도신경 혹은 신조는 "우리가 하나님께 무엇을 빌어야 하고 무엇을 받을 수 있는지 제시하고 가르"쳐 준다는 것이다. 사도신경은 "계명 준수의 힘이 어디서 나오는지, 무엇을 통해 그런 힘을 받을 수 있는지 알 수 있게" 도와준다고 루터는 설명한다.[378] 또한 루터는 사도신경의 내용이 교육받지 못한 단순한 사람도 "받아들이고 이해하기에 충분"하다라고 평가한다.[379] 루피누스 이래 사도신경을 12 조항으로 나누던 관행에 대비적으로, 루터는 세 가지 조항으로 나눌 수 있다고 특이하게 주장한다.[380] 즉, "하나님의 신성을 세 가지 위격으로 설명하는" 방식에 따라 신경의 내용도 하나님 아버지와 창조, 성자와 구원, 성령과 거룩함 등으로 나누었다.[381] 루터는 그와 같이 세 항목으로 사도신경 해설을 제시하는데, 십계명에 비하자면 내용이 간결하다는 특징을 가지기도 한다. 루터의 분류방식에 따라 세 항목을 차례대로 분석해 보기로 한다.

(1) 제1조(성부 하나님과 창조)

루터는 "전능하사 천지를 만드신 하나님 아버지"에 대한 믿음을 고백하는 1조가 "아버지되신 하나님의 본질, 의지, 하시는 일, 업적을 가장 간명하게 표현"해 준다고 논평한다. 1조는 또한 "제1계명에 대한 그리스도인의 응답이요, 믿음의 고백"이라고 정리해준다.[382] 창조주 하나님에 대한 믿음은 또한 "나는 하나님의 피조물이라는 것을 믿는 것"을 의미한다고 말하면서 우리의 모든 것을 주시고 지탱하고 계시는 분 즉, 섭리주이심을 믿는 것이라고 해석해준다.[383] 창조주 하나님은 "천지에 있는 모든 것을 날마다 우리에게 주시고 보존하고 지켜 주시는 분"이시기에, 우리는 "그분을 끊임없이 사랑하고 찬양하고 감사드려야 할 책임"이 있으며 나아가서는 하나님이 주신 소유물에 대해 책임을 져야 한다고 루터는 권면한다.[384] 하나님께서 "가장 좋은 것으로 이 땅의 모든 생명을 돌보"시고 계시지만, 특히 우리들에게 "그분의 아들과 성령을 통해 영원한 보화를 차고 넘치도록 부어"주신다는 말로 1조에 대한 해설을 끝맺고 다음 항목으로 넘어간다.[385]

(2) 제2조(예수 그리스도와 구원)

사도신경의 중심이자 많은 분량을 차지하는 2조에 대해 루터는 "매우 풍성하고 품이 넓"다라고 말한다.[386] 그럼에도 불구하고 "아이들도 이해할 수 있을 정도로 쉽게 요약하고 응축해 보겠"다고 말한 후에, 루터는 "우리가 어떻게 구원받느냐"는 문제가 "우리 주 예수 그리스도!"에 달려있다고 말한다.[387] 그는 "주"Herr라는 말이 "죄, 악마, 죽음 그리고 온갖 불행에서 건지셨다"는 의미로 이해한다. 즉, 구주와 동일한 의미로 이해한다.[388] "즉, 오직 그분 만이 우리를 악마에게서 하나님께로, 죽음에서 생명으로, 죄에서 정의로 옮겨 주시고, 거기서 우리를 보전하신다"는 의미라고 상술해 주기도 한다.[389] 그러고 나서 루터는 인간이 되시고, 고난받으시고, 부활하시고 승천하심에 대한 고백들은 "우리를 구하고 그분의 통치를 이루기 위해 무엇을 지불해야 했는지"에 대한 설명이라고 간략하게 소개한다.[390] 루터는 제2조를 중시하면서도 세목을 상세하게 설명하지 않는다. 왜냐하면 짧은 지면에서 그렇게 할 수도 없거니와 각 주제들에 대해 "일년 동안 절기의 흐름에 맞추어 설교"하는 것이 당시 비텐베르크 교회의 관례이기도 했기 때문이다.[391]

(3) 제3조(성령과 성화)

루터는 "성령을 믿사오며…"로 시작하는 사도신경의 나머지 부분을 거룩하게 하시는 영인 성령에 대한 고백으로 이해한다. 루터는 성령을 "거룩하신 분Heiliger 또는 거룩하게 만드는 분Heilsmacher"이라고 부르면서, "그렇다면 대체 어떻게 거룩하게 될까요?"라는 질문을 제기한다.[392] 그러고 나서 루터는 그리스도와 성령의 사역을 이렇게 구별하여 설명해 준다.

> 아들은 아버지로부터 통치권을 이양받아 탄생과 죽음과 부활을 통해 우리를 자기 소유로 삼았습니다. 마찬가지로 성령은 성도의 공동체인 그리스도의 교회와 죄의 용서와 육체의 부활과 영원한 생명을 통해 우리를 거룩하게 만듭니다. 즉, 그분은 우리를 거룩한 사귐으로 인도하여 교회의 품에 안겨 줍니다. 그리고 교회의 선포를 통해 그리스도에게 인도합니다.[393]

루터는 "내가 성령을 믿는다"는 것을 "성령이 나를 거룩하게 만든다는 것을 신뢰한다"는 뜻으로 해설하고, 성령이 사용하시는 방법, 용례 혹은 수단으로 교회, 죄의 용서, 육체의 부활, 영원한 생명 등의 항목을 제시하는 방식으로 설명해 나간다.

먼저 교회에 대해 "그리스도인을 태어나게 하고 하나님의 말씀을 전하는 어머니"라고 설명한다.[394] 그리고 성령이 "마음속에서 일으키는 말씀의 선포가 아니라면, 모든 것은 부질없는 것"이라고 하면서 말씀과 성령의 관계를 강조한다.[395] 루터는 또한 성령께서는 "교회를 통해 우리를 휘감으시고, 말씀으로 인도하며 이끄시"며, "이를 통해 우리가 매일 거룩하게 되고, 믿음이 점차 자라나 굳게세 되며, 성령이 만들어 내시는 열매를 맺게"한다라고 정리를 해준다.[396]

이어지는 죄용서도 교회론적인 연관 속에서 다루어진다. 교회에게 주어진 "성례전과 죄를 용서하는 사죄 선언, 그리고 모든 복음"의 선포를 통해 우리 신자들은 "매일 위로 받고 회복"될 수가 있는 것이다.[397] 루터는 "죄용서가 없는 곳은 교회가 아니"며, 또한 그곳에는 "진정한 거룩함도 없"다라고 말한다. 즉, 교회에는 죄용서가 있고, 그러한 과정을 통해 거룩함도 입게 된다는 것이다.[398] 하지만 루터는 성화가 이 땅위에서 완성될 수 있다고 생각하지 않는다. 거룩하게 됨이 이 땅위에서 시작되었고 "매일 점차 커"져 가지만, 그러나 완성은 몸이 부활하고 영생을 누리게 되는 그 때임을 적시한다.[399]

정리하자면 성령은 이미 이 땅위에 있는 교회를 통해 거룩하게 하시는 일을 시작하시고, 마지막 날에 "세상의 모든 불행은 사라지고…(우리를) 온전하고 영원한 생명으로 변화" 시킬 것이라고 하는 소망을 우리는 교회를 통해 선포되는 말씀 속에서 가질 수가 있다라고 하는 것이다.[400]

(4) 사도신경 해설 결론

신경의 세 조항에 대해 간결한 해설을 준 후에, 루터는 "매우 짧지만 지극히 풍성한 말씀으로 묘사된 신조"라고 명명한다. 신조에는 "하나님께서 열어 보여주신, 아버지의 마음속 깊은 심연과 말로 형언할 수 없는 사랑이 담겨"있으며, 인간을 창조하신 목적이 "구원하고 거룩하게 만드는데" 있음을 보여 주고, 우리를 "그분의 소유로 삼기 위해 아들과 성령을 주셨"다고 요약해 준다.[401] 루터에 의하면 또한 이 신조는 그리스도인과 비 그리스도인을 구별해 준다라고 적시한다.[402] 그리고 십계명과 사도신경의 차이를 다시 한 번 정리해준다. 십계명은 "우리가 무엇을 해야 할지"를 가르쳐 주지만, "그리스도인을 만들지 못"한다는데 한계가 있다면, 신조는 "은총으로 우리를 순전하게 만들며, 거룩한 길로 인도하며, 하나님을 기쁘게"한다는 것이다.[403] 성령에 의하여 사도신경에 담긴 내용들을 깨달을 때에 "모든 하나님의 계명의 본질인 기쁨과 사랑을 얻"을 수 있게 되며, 하나님께서 "십계명을 지킬 수 있도록 항상 동행하며 그 분의 능력을 성령의 선물로 주시"는 것을 경험할 수 있게 되기 때문인 것이다.[404]

3.4. 주기도(Das Vaterunser)

(1) 머리말

루터가 "일반적인 기독교 교리의 세 주요 부분"die drei Hauptstücke der allgemeinen christlichen Lehre으로 지칭한 세 번

째 부분은 주기도문이다.[405] 루터는 주기도문 해설을 시작하면서도 십계명을 인간 스스로 지킬 수 없다는 것을 넘어서 "신앙이 있다해도" 지킬 수 없다고 까지 말한다. 이는 마귀가 "세상과 손을 잡고 우리 육체를 사로잡아 무너뜨리기 위해 온 힘을 쏟"고 있기 때문이라고 그 이유를 밝힌다.[406] 그리고 여기서 기도를 통하여 하나님의 도우심을 힘입는 것의 절체절명의 중요성을 루터는 말하기 시작한다.

루터는 기도가 "하나님의 계명이고, 동시에 우리의 의무"라고 말한다. 혹은 "우리 스스로 결단하고 실행해야 할 당위sollen인 동시에 무조건 해야 할 필연적 의무müssen"인 것이다.[407] 그리고 기도란 "거룩한 그분의 이름을 찬양하고, 모든 위급한 순간에 그분의 이름을 부르"는 것이라고 정의한다. "기도는 제2계명에 명시되었듯이, '모든 위급 시에 하나님을 부르는 것'"이기라고 말하기도 한다.[408] 그러한 "부름과 간구를 통해 하나님의 이름은 높여지고 가치가 높아"지게 되므로, 기도는 "해도 좋고 안 해도 좋은 그런 종류의 것이 아니"고 "반드시 준행해야 할 하나님의 계명"인 것이다.[409] 루터는 거듭해서 기도를 취사선택의 문제가 아니라, "하나님께서 명하신 준엄한 일"이라는 점을 강조한다. 그리고 기도란 기도자의 거룩의 정도에 따라 선택하는 것도 아니라는 점을 강조한다.[410] 바울이든 우리든 기도하라고 하는 하나님의 계명위에 서서 순종하는 것이 기도라고 그는 강조한 것이다. 따라서 우리의 모든 기도에 있어 "첫째되고 가장 중요한 부분"은 "하나님을 향한 순종위에 서 있어야 한다"는 것이라고 그는 말한다.[411] 또한 기도를 요구하시는 이유는 "하나님의 약속" 때문이다. 하나님은 기도를 통해 좋은 것들을 주시기를 기뻐하시는 분이시다. 그리고 하나님은 우리에게 주기도를 통해 "어떻게 무엇을 위해 기도해야 할지"를 주셨다고 말한다. 루터에 의하면 "이 땅위에서 드려진 어떤 기도도 주님이 가르치신 기도보다 고귀한 것을 찾을 수 없"다.[412]

루터는 수도사들이나 사제들의 기도에 대해 비판을 한다. 이는 그들의 기도가 "하나님에 대한 순종과 약속에 대한 믿음"에 바탕하지 않고 있기 때문이다. 루터는 "바른 기도라면 절박함이 배어 있어야 한"다고 말한다. 그러한 절박함에서부터 "하나님을 향한 부름으로, 외침으로 나타"나야 그 기도가 "자연스러워"진다고 말한다.[413] 루터는 우리가 기도를 통하여 마음의 불을 지피게 되고, 우리가 받는 "온기만큼 그분의 뜻을 행"할 수 있게 된다고도 말한다.[414] 루터는 또한 마귀와 악한 세력들을 대적하기에 연약한 우리들에게 "오직 기도만이 우리의 보호막이요 방패"라고 말한다.[415] 따라서 어릴 때부터

"기도의 습관을 몸에 배도록 훈육하는 것"이 필요하다고 말하기도 한다. 그리고 우리가 무엇을 기도할 것인지에 대해 질문을 던질 때, 루터는 주기도문의 일곱 항목 혹은 일곱 개의 간구 속에서 그 내용을 배울 수 있다고 생각한다. 루터는 이 일곱 항목이 의미심장하기 때문에 "평생 기도의 이유를 찾기에 충분할 것"이라고 말한다.[416]

(2) 첫 세 간구

주기도문의 세 간구는 하나님을 향한 기도 항목들이다. 첫째 "하나님의 이름이 거룩히 여김을 받으시오며"를 해설하며 루터는 하나님의 이름은 원래 거룩하시다는 점을 상기시킨다. 그러면 이 첫 간구의 의미가 무엇인가? 이는 "그분의 이름이 존경받고 거룩하고 존귀하게 여겨지도록 온 정성을 다해 힘"쓰라는 의미인 것이다. 즉, "우리의 관계속에서, 그리고 온 세계 만물 한가운데서 그분의 이름이 거룩히 되도록" 힘써야 한다는 말이다.[417] 루터는 또한 첫 간구의 내용이 제2계명의 요구하는 바와 같다는 지적을 한다.[418] "우리의 입의 말과 행동으로 높여 찬양하며 존경을 드리"는 것이 하나님의 이름을 거룩하게 하는 일이기 때문이다.[419] 그리고 거짓교리가 난무하던 시점에서 "하나님은 당신의 말씀이 순수하게 가

르쳐지고 가치있게 여기지는 가운데 존경받고 찬양받는 것을 바라"신다고 말하기도 한다.[420]

하나님의 나라가 임하기를 구하는 두 번째 간구를 시작하면서 루터는 우리의 기도와 상관없이 하나님의 나라는 "이 땅에 임한다"는 점을 인정한다. 하지만 우리가 그런 기도를 드려야 하는 까닭은 "그분의 나라가 우리에게 임하도록" 즉, "우리 한 가운데unter uns 그리고 우리 곁에bei uns 하나님 나라의 능력이 나타나도록" 구하는 것이라고 해설해 준다.[421] 하나님의 나라는 그리스도께서 이 땅위에 오셔서 우리를 구원하시고 "우리를 인도하여 죄와 죽음과 악한 양심에 대항하며 통치"하시는 일이요, 오늘날 성령의 능력으로 말씀을 통해 다스리시는 것이라고 이해한다.[422] 루터에 의하면 하나님의 나라는 이중적으로 임하는데, "첫째는 임시방편인 말씀과 신앙 가운데 나타나며, 둘째는 영원한 계시 곧 그리스도의 재림을 통해 드러"날 것이라고 한다. 이는 하나님 나라의 현재성과 미래성에 대한 구분과 유사하다. 따라서 나라가 임하옵소서라고 하는 기도를 드리는 것은 "아직 이 나라에 들어오지 못한 이들과 이미 들어온 우리가 날마다 성장하는 가운데 영생을 맛보게 하는 하나님 나라가 임하도록 구하"는 것이다.[423]

하나님의 뜻이 하늘에서 이루어진 것처럼 땅에서도 이루

어지기를 구하는 세 번째 간구 역시 마귀가 세상과 육체를 통하여 시련을 가하고 있는 현실 속에 살아가는 그리스도인들에게 절박한 기도의 내용이라고 루터는 이해한다.[424] 아무리 마귀가 "복음을 근절시키기 위해 폭풍우처럼 맹렬히 덤벼든다 해도 하나님의 뜻은 반드시 성취"되는 것이지만, 우리가 간절히 기도해야 할 것은 "우리 자신을 위해서라도 우리는 그분의 뜻이 우리 가운데 이루어지기를 기도"하는 것이고, 그런 기도를 통해 "우리는 그 모든 아픔과 시련 앞에서 당당히 일어나 하나님의 뜻에 순종"하게 되는 것이라고 루터는 말한다.[425]

(3) 우리의 필요를 위한 기도들

주기도문의 후반부는 우리 인간들의 필요들을 채워달라는 내용들을 담고 있다. 네 번째 간구는 "오늘 우리에게 일용할 양식을 주시옵"소서인데, 루터는 일용할 양식의 범주를 상당히 폭넓게 이해했다. 즉, 우리가 "이 땅위에서 생존하기 위해 필요한 모든 것을 포괄"한다고 이해하는 것이다. 단지 육신의 양식뿐 아니라, "모든 삶에 평화와 안식"이 필요하고 "세상정부와 국가"를 위한 기도를 포함하기도 하다고 본다.[426] 루터는 이러한 범주에 수 많은 내용들이 속한다는 점을 설명한 후에,

마귀는 바로 이러한 것들을 우리가 누리지 못하도록 빼앗고 방해하는데 혈안이 되어 있으므로 간구가 필요하다고 경계하고, 또한 하나님이 우리에게 모든 것을 공급하시기에 우리는 "교회 공동체의 중보기도에서 가난한 이웃들이 잊히지 않도록"해야 한다고 권면하기를 잊지 않는다.[427]

다섯 번째 간구는 죄용서를 위한 기도이다. 루터는 이 세상을 살아가는 동안 신자도 "죄를 피할 수"는 없고 "매번 비틀거리고 흔들리며 산"다고 말한다. 그러나 그리스도인은 하나님의 사죄의 복음에 근거하여 살아가는 자들이기도 하다. 따라서 사죄의 약속에 근거하여 우리는 "계속 매달려 죄 용서를 구"하고 "위로 얻기를 간구하"고, "양심이 다시 회복되기를 기도"해야 한다고 루터는 말한다.[428] 그리스도인의 실존을 "의인이자 동시에 죄인"*simul iustus et peccator*으로 규정한 그의 유명한 명제가 말해 주듯이 매일 회개하지 아니하고, 용서가 필요하지 않는 그리스도인은 존재하지 않는다는 점을 기억하는 겸손이 필요하다고 루터는 생각한다.[429] 루터는 죄용서를 구하는 간구에 부가된 "우리에게 죄 지은 자를 사하여 준 것 같이"라는 단서조항에 대해서도 주목한다. 우리의 용서를 베풂이 하나님의 용서를 받는 공로가 된다고 그는 전혀 생각하지 않는다. 이미 하나님께서 우리의 죄를 용서해 주셨기 때문에, 우리는 "우리에게 해를 끼치고 폭력과 부정을 행사하며 악행을 일삼는 이웃이라고 할지라도" 용서해 줄 수가 있는 것이라고 그는 바르게 설명한다.[430]

여섯 번째 간구는 시험에 들지 않기를 구하는 기도이다. 루터는 "세 가지 종류의 시험, 곧 육, 세상, 악마로부터 오는 시험"에 대해 말한다.[431] 육이란 "모든 종류의 사악한 욕망"을 가리킨다. 마귀는 어디에서나 "양심과 영적인 일에 간섭"하고 있고, "모든 독을 모아 만든 화살촉에 불을 붙여 쏘아"대고 있기 때문에 "이 풍진 인생을 사는 동안 우리는 여기저기서 사냥감으로 취급되고 공격당"하고 있음을 경고한다. 이러한 시험들을 당하고 있는 인생이 "기도하지 않으면 아주 작은 시련도 극복할 수 없"는 일이고, 따라서 우리가 시험에 빠지지 않게 해달라는 기도는 "하나님으로 부터 오는 힘과 능력을 구"하는 것이라고 해설한다.[432] 우리는 기도를 통해 "시험에 빠져 질식당하지 않"을 수 있고, 나아가서는 "시련에 맞서 싸워 이길 수"가 있게 되는 것이다.[433]

"다만 악에서 구하시옵서"라는 일곱 번째 간구는 "악마의 통치 아래서 겪게 될 악한 모든 것"에서 구해달라는 기도라고 루터는 해설한다. 결국 주기도문이 겨냥하는 "주적"은 마귀라고 루터는 말하기에 이른다.[434] 따라서 "하나님이 우리를 지탱하지 않으시면, 악마 때문에 한시도 안전하지 못"할 것이기에 쉬지 않고 기도해야 할 필연성이 따르게 되는 것이다.[435] 그래서 첫 세 간구도 "모든 못된 것으로부터 보호받고 구원받"게 해달라는 마지막 간구와 연관성을 가진다고 루터는 이해한다. 하나님의 이름이 거룩히 여김을 받고, 나라가 임하고, 뜻이 이루어지는 곳에서, "하나님은 우리를 죄와 수치로부터 보호하시고, 우리에게 고통을 주고 해하는 모든 것으로부터 지켜 주"신다고 루터는 설명한다.[436]

루터는 주기도문의 끝을 장식하는 "아멘"에도 주의를 기울인다. 아멘은 "의심하지 않는다, 이 기도는 하나님께 상달될 것이고, 또 이루어질 것이다"를 뜻하고, 하나님의 약속에 대해 "의심하지 않는 믿음"을 뜻한다고 해설한다.[437] 루터는 실제로 기도의 능력을 믿었고, 기도의 사람이었다는 것을 우리는 잘 알고 있다.[438] 그러한 루터가 주기도문 해설을 마무리하면서 "그러므로 확신을 가지고 기도하십시오. 기도는 헛되지 않습니다. 그 어떤 경우라도 우리의 기도를 우습게 여기지 마십시오!"라고 권면한 것은 당연한 일일 것이다.[439]

3.5. 세례

루터는 "기독교 교리 가운데 가장 기본적인 세 부분"을 해설한 후에, "그리스도께서 직접 제정하신 성례전"에 대한 해설로 넘어간다. 루터는 "성례전 없이 그리스도인이라고 할 수 없기 때문"에 "그리스도인이라면 최소한 성례전 전체에 관한 간결하고 명료한 가르침을 받아야 마땅"하다고 강조한다.[440] 루터는 첫 번째 성례인 세례를 먼저 다룬다. 그에 의하면 세례를 통해 신자들은 "기독교에 발을 들여"놓는 것이라고 한다.[441]

루터는 "가장 먼저 알아야 할 것"으로 세례의 근거가 되는 예수님의 말씀(마 28:19; 막 16:16)을 제시한다. 루터는 그리스도께서 세례를 제정하셨다고 하는 사실을 중시한다.[442] "세례를 통해 구원받도록 명령"하신 것이기에 루터 자신은 세례를 "자랑거리"로 여긴다고 고백한다.[443] 세례를 중시하지 않고, 단지 "외적인 형식일 뿐"이고 주장하는 이들에 대해서 단호하게 비판을 한다. 왜냐하면 "하나님께서 그 형식안에 말씀과 계명을 담아 놓으셨고, 그 위에 세례를 세우시고 보증하셨"기 때문이라는 것이다.[444] 루터에 의하면 "하나님의 이름에 의하여 세례받는다는 것은… 하나님 자신이 세례를 베푸신다는 뜻"이라고 말하기도 한다.[445]

루터는 세례시에 사용되는 물에 대해서도 특이한 해석을 내어 놓는다. 세례에서 사용되는 물은 "단순한 물이 아니라... 하나님의 말씀과 계명이 담긴 거룩하게 구별된 물"이요, "신성한 하나님의 물"이라고 말한다. 물론 그도 "물 자체가 특별하고 귀해서 그런 것이 아니라, 하나님의 말씀과 계명이 담겨 있기 때문"이라는 단서를 단다.[446] 따라서 루터는 "하나님의 말씀과 계명, 그리고 하나님의 이름, 이것이 물속에 담긴 핵심"이고, "이것이야말로 하늘과 땅에 있는 그 어떤 것보다 크고 고귀한 보화"라고 말한다.[447] 혹은 "말씀이 자연의 본성인 물질에 들어와 성례전이 되었다"는 아우구스티누스의 말을 인용하기도 한다.[448] 따라서 루터에 의하면 이러한 그리스도가 세우신 성례를 "우습게 여기는 것은 간악한 행위이며 악마가 조롱하는 것"과 같다라고 강하게 말한다.[449]

세례가 무엇을 위해 제정되었는지에 대해 루터는 "믿고 세례를 받는 자는 복되다"(selig werden 구원을 받는다)는 말씀에 주목한다. "복되다 내지 구원을 받는다"는 것의 의미는 "죄와 죽음과 악마로부터 풀려나 그리스도의 나라 가운데서 그분과 함께 영원히 사는 것"이라고 해설한다.[450] 루터는 단순한 물이 그렇게 하는 것이 아니라 "세례의 능력은 곧 말씀을 통해 얻게 되는 것"이라고 말씀의 능력을 다시금 강조한다.[451] 그러면서도 개혁파가 보기에는 의아스러운 표현들을 여러 번 반복하는데, 일례를 들면 이런 식의 표현이다.

> 하나님의 말씀과 정하심이 물과 하나되었고, 그분의 이름이 그 안에 서려 있기 때문입니다. 내가 이것을 믿는다는 것은 곧 하나님이 거기 계신다는 것을 믿는 것입니다. 또한 그 안에 두신 말씀의 보화를 보이는 물질로 제공하셔서 우리가 파악할 수 있도록 하셨습니다.[452]

"어떤 사람이 세례를 받아야 하는지"라는 질문에 대해서는 "믿는 자"라고 루터는 단순하게 대답한다. 그리고 "이런 믿음이 없다면 물은 아무 쓸모없"다고 분명하게 말하기도 한다. 그리고 이는 "모든 행위의 공로를 거부하고 퇴짜 놓"는 것이라고 부언한다.[453] 이 대목에서도 루터는 "그 물이 거룩하고 넘쳐흐르는 보화"이기는 하나, 믿음이 없다면 도움이 되지 않는다는 점을 대비시켜 말한다.[454] 루터는 믿음으로 세례 받는 자만이 약속된 유익을 얻을 수 있다는 점을 여러 가지로 강조하고 나서 "모든 그리스도인은 평생 세례를 배우고 실천해야" 한다고 말한다. 이는 신자로서 "믿음에 걸맞는 행동을 끊임없이 이루어 가며 사"는 것을 가리키며, 구체적으로 말해서 "그리스도와 성령이 주신 은총의 선물로 악마와 죽음을 이기고, 죄를 용서하며 사는 것"이라고 해설해준다.[455] 혹은 "새 삶을 만들어 내고 증진시키고 계속하게 하는"것이라고 말한다. 이런 점에서 "제3의 성례전"이라고 까진 불리던 "참회"Buße는 "세례와 별반 다르지 않다"고 루터는 말한다.[456] 지면제한상 상술할 수 없지만, 또한 루터는 또한 유아세례Kindertaufe를 부정하던 이들에 대해 하나님의 말씀에 합당하게 유아들에게도 세례를 주는 것이라고 논증한다.[457]

3.6. 성만찬

그리스도께서 제정하신 두 번째 성례인 "성만찬"Abendmahl에 대한 해설에 있어서도 루터는 그리스도의 성만찬 제정 말씀(마 26:26-28; 고전 11:23-25 등)을 중시하는 것을 보게 된다.[458] 루터는 성만찬을 다룸에 있어 "으뜸가는 주제는 하나님의 말씀과 그 분이 정하셨다"는 점이라고 말한다.[459] 『대교리문답』을 출간한 1529년 10월에 그 유명한 마르부르크 회담Colloquy of Marburg을 통해 츠빙글리파와 성만찬에 대해 완전한 합의에 이르지는 못한다는 것을 우리는 알고 있는데,[460] 루터는 작센 지방 사람들을 위해 쓴 문답서에서는 "성만찬을 중상모략하는 자들과 논쟁하려는 것이 아니라"고 서두에서 밝힌다.[461] 루터가 보기에 "하나님이 정하셨다"라고 하는 점만으로도 그러한 "분열하게 하는 영들의 모든 헛소리를 확실히 반박할 수 있게"된다고 자신있게 말한다.[462]

루터는 먹고 마시라고 명령하신 그리스도의 말씀이 "떡과 잔 안에 그리고 그 아래에 있기에 주 그리스도의 참된 몸이요 피라"고 부른다고 말하고, "단순한 떡과 포도주가 아니라 그리스도의 몸과 피"로 만드는 것은 오직 말씀이라고 강조한다.[463] "말씀이 물질과 결합하여 성례전이 된다"고 한 아우구스티누스의 말을 다시 인용한 후에, 루터는 "말씀이 물질을 성례전으로 만듭니다. 그렇지 않다면, 물질은 그저 물질일 뿐입니다."라고 말하기도 한다.[464] 또한 "거룩함의 근거는 사람이 아니라 하나님의 말씀에 있기 때문"에 악한 자가 성례전을 집례한다고 해도 "바른 성례전"이라고 루터는 이해한다.[465]

두 번째로 루터는 성만찬의 "효과와 유익"에 대해서 해설하는데로 나아간다. 성만찬에 임할 때 우리는 "죄 사함"을 받으며, 성만찬을 통해 주님과 하나가 됨으로써 "죄와 죽음과 모든 불행을 이기게 하는 확실한 증거와 표징"이 된다고 루터는 말한다. 또한 성찬은 우리 신자들의 "영혼의 양식"eine Seelenspeise으로서 "새 사람은 먹고 강해지"게 된다고도 말한다.[466] 루터는 세례의 물에 대해서처럼 성찬에 쓰이는 떡과 포도주에 대해서도 "그저 떡과 포도주"라고 인정하면서도, 말씀이 함께 하기 때문에 그것은 "그리스도의 몸과 피, 그 외에는 아무 것도 아니"라고 못을 박는다.[467] 루터는 또한 성찬의 효력에 대해 "치료하고 위로하는 약"이라거나 "고귀한 해독제"라고 말한다.[468]

세 번째로 "어떤 사람이 이 성례전의 능력과 유익을 받을 수 있는지"에 대해 루터는 단적으로 "말씀이 가르치는 것과 말씀이 제공하는 것을 믿는 자"라고 답을 해준다.[469] 그가 말하는 믿음이란 "성경과 복음에 확고하게 붙어 있는 믿음" 혹은 "말씀과 마음이 하나되는 것"을 말한다.[470]

루터는 『대교리문답』에서 성만찬에 관해 "일반적인 설명"을 제시하는 것으로 만족하고, 이어서 몇 가지 권면과 충고의 말을 한다.[471] 루터는 성만찬을 경솔히 여기지 말고 "자주 받으라"고 권한다.[472] 루터는 오랜 기간 동안 성찬에 참여하지 않는 사람들을 "그리스도인으로 볼 수 없다"고 까지 강하게 말한다.[473] 루터는 그렇게 "성만찬과 떨어져 있는 사람은 매일 상스럽게 변하고 냉담"해지고 만다고 비판한다.[474] 루터는 또한 자신은 성찬을 받을 만한 자격이 없다고 생각하는 이들에 대해서는 "경건해지려고 하는 사람이라면, 비록 약하고 흠이 있을지라도" 성찬을 받도록 해야 한다고 말한다.[475] 루터는 "매순간 우리가 직면하는 육의 연약함에 자유로운 사람이 아무도 없"다라는 점을 들어 그러한 민감한 자들을 다독거려 준다.[476] 참여 자격이 있어서 성찬에 참여하는 것이 아니라 "가난하고 불쌍하며 자격이 없기 때문"에 참여하는 것이라고도 말한다.[477] 도리어 성찬에 참여할 수 없는 부류는 "은혜에 대한 갈망도 없고, 용서도 구하지 않는 자, 더 나은 삶을 희구하지 않는 자들"이라고 루터는 밝힌다.[478] 또는 "오직 자신의 연약함을 깨닫지 못하는 자와 죄인 됨을 인정하지 않는 자"는 참여 자격이 없다고 말한다.[479] 루터는 『대교리문답』을 결론 지으면서 "청소년들을 위한" 교육이 중요성을 강조한다. 그들에게 "기독교 교리를 가르치고 이해시키며 양육해야… 기독교 교리와 삶을 유지하고 보존하는 일"이 가능할 것이라고 말한다. 특히 가장의 자녀 교육의 의무가 중요함을 강조한다.[480]

4. 나가는 말

이상에서 우리는 종교개혁자 마르틴 루터의 『대교리문답』

의 역사적 배경과 주요 내용을 분석해 보았다. 다작가이기도 하고, 조직신학적이기 보다는 성경신학적이었기 때문에 루터 신학 의 핵심 혹은 정수가 무엇인지를 확인하기가 쉽지 않은데, 루터의 『대교리문답』은 우리들에게 루터가 공표한 사상의 정수를 잘 보여주기 때문에 이러한 연구는 중요하다고 생각한다. 또한 칼빈에 비하자면 루터에 대한 연구가 활성화되지 않은 국내의 상황속에서 이러한 연구 작업은 의의를 가진다고 생각을 하면서 논구해 보았다.

서론에 이어지는 2절에서 『대교리문답』 의 역사적 배경과 주요 판본들에 대해 검토해 보았다. 종교개혁이 시작된지 10여년의 세월이 지나도 작센 지방의 영적인 상황과 목회자들의 무지함에 놀란 나머지 루터는 『소교리문답』 만 아니라 목회자들을 위하여 『대교리문답』도 동시적으로 저술하였음을 확인했다. 또한 『대교리문답』은 16세기 독일어로 저술 출간되어졌고, 곧 바로 라틴어 번역본도 제공되었다는 것도 확인했다. 그리고 현재 우리가 그의 『대교리문답』을 연구하기 위해 참고할 수 있는 현대 독일어 판본들, 주요 영역본들과 한역본들에 대해서도 검토해 보았다.

3절에서는 루터의 『대교리문답』의 주요 내용을 분석하고 개관해 보았는데, 다섯 부분으로 제시한 순서에 따라 논구해 보았다. 루터는 중세의 교리문답서 전통과 달리 십계명부터 다루고, 사도신경, 주기도문, 세례와 성찬의 순서로 구성하고, 그 내용을 해설했다는 것을 확인하게 되었다. 다섯 부분에 대한 루터의 해설에 나타나는 그의 사상의 정수를 확인해 보았지만, 이 다섯 부분을 통해 루터가 무엇을 의도하고 있는지는 미국 루터교신학자인 티모시 벵어트의 논평에서 잘 드러난다고 생각한다: "십계명을 통해 자신의 질병을, 신조를 통해 위대한 의사를, 주기도에서는 치료제를 찾는 필사적인 외침을, 세례와 성만찬과 참회를 통해서는 그 약이 어떤 것인지 구체적으로 보여준다."[481] 이처럼 루터는 그리스도인들이 필수적으로 알아야 할 다섯 가지 주요 내용들을 목회자들과 가장들이 잘 이해하고 가르칠 것을 의도했던 것이다. 그리고 오늘 우리 시대에 있어서도 이러한 다섯 가지 조항에 대한 성경적인 지식을 잘 구비하는 문제는 루터파 뿐 아니라 개혁파에도 중요하다고 할 수가 있을 것이다.

개혁신학자로서 루터의 신학의 정수를 파악하기 위해 그의 『대교리문답』을 논구하면서 알게 되는 것은 루터의 신학이 "하나님의 말씀"Das Wort des Gottes에 대한 일관되고 강렬한 강조위에 서있다고 하는 것이다. 비록 이 문답서에서는 거의 드러나지 않긴 하지만, 초기 개혁주의자들로부터 시작해서 현재까지 비판의 대상이 되어온 그의 "공재설"consubstantiation적인 성찬론 조차도 자신이 이해한 말씀의 기초위에 서 있다고 그는 확신했다고 생각한 것을 알 수가 있다. 또한 그의 『대교리문답』은 목회적인 동기에서 시작해서 무지한 목회자들과 독자들을 배려하는 마음으로 이해하기 쉬운 언어와 그 자신이 추구했던 바대로 따스함을 가지고 쓰여진 신앙고백서임도 확인할 수가 있었다. 종교개혁적인 문건들이나 대적자들에 대해 썼던 저술들과 달리 본 교리문답서에는 논쟁적인 어투나 가혹한 비판의 말들을 삼가하려는 노력을 보이고 있는 것도 그러한 배경에서 이해할 수가 있다고 사료된다.[482]

본고를 끝내면서 본고의 한계 내지는 추후 연구해야 할 점들에 대해서 간략하게 언급해 보려고 한다. 본고는 루터의 『대교리문답』의 역사적인 배경과 주요 내용을 분석 개관함을 통해 루터 사상의 정수를 어느 정도 파악해 보려는 의도를 가진 것이다 보니 루터의 다른 수 많은 저술들이나 본 연구와 관련된 수 많은 2차 문헌들에 대한 참고가 많지 못하다는 점을 먼저 말하고자 한다. 추후 계속되는 연구 과정을 통해 루터의 주요 저술들을 천착하고, 루터의 사상을 논구한 주요 저술들에 대한 폭넓은 연구가 이어질 수 있기를 소망해 본다. 또한 보다 중요한 한계는 루터의 대소교리문답서가 청년 칼빈의 『기독교강요』 초판이나 『제1차 신앙교육서』의 구조나 내용적인 측면에 지대한 영향을 미쳤다라고 일반적으로 인정되고 있는데, 본고에서는 구체적으로 그러한 면모들을 밝히는데 집중하지 못했다고 하는 점일 것이다. 이 또한 또 하나의 논구가 필요한 주제라고 생각하면서 본고를 마치려고 한다(*).

강기수. "루터의 공교육 사상에 대한 연구." 「教育思想硏究」 14 (2005): 1-17.

김기련. "마르틴 루터와 토마스 뮌쩌 신학에 나타난 하나님 나라 사상." 「한국개혁신학」 5 (1999): 165-200.

김효종. "루터의 대·소교리 문답서 연대에 관하여." 「루터 硏究」 13 (1999): 113-125.

송순재. "루터의 교리문답과 그 교수학적 가능성." 「신학과 세계」 27 (1993): 264-291.

엄진섭. "루터의 교리문답에 나타난 복음 사상 : "교리문답에 관한 열 개의 설교들." 「神學과 信仰」13 (2002): 79-120.

양금희. "루터와 칼빈의 '교회교육' 개념 및 구조 비교." 「성경과 신학」 24 (1998): 361-430.

유재국. 『교리교육사』. 서울: 가톨릭교리신학원, 1990.

이은재. "마르틴 루터(M . Luther : 1483 - 1546)의 신앙과 경건." 「한국개혁신학」 7 (2000): 195-207.

정두성. 『교리교육의 역사』. 서울: 세움북스, 2016.

정일웅. "종교개혁시대의 Katechismus 연구 -루터의 신앙교육서를 중심하여-." 「신학지남」 55/3 (1988): 26-56.

____. "역사적 캐터키즘의 현대 목회적 적용에 대한 연구." 「신학지남」 64/4 (1997): 86- 123.

지원용 편역. 『루터선집』 12권 (서울: 컨콜디아사,

Allbeck, Willard Dow. Arand, Charles P. *That I May Be His Own: An Overview of Luther's Catechisms*. Clayton: Concordia Publishing House 2005.

Arand, Charles P, Robert Kolb and James A. Nestingen. *The Lutheran Confessions: History and Theology of the Book of Concord*. Minneapolis: Fortress, 2012.

Bainton, Roland. *Here I Stand: A Life of Martin Luther*. Peabody: Hendrikson, 2010.

Beutel, Albrecht. *Luther Handbuch*. 2 Aufl. UTB GmbH, 2010.

Bornkamm, Heinrich. *Luther in Mid-career*, 1521-1530. Minneapolis: Fortress Press, 1983.

Braeunig, L. "Luther's Catechisms as Resources for the Church Today." *Concordia Journal* 5/4 (1979): 124-128.

Brecht, Martin. *Martin Luther: Shaping and Defining the Reformation 1521-1532*. Trans. James L. Schaaf. Minneapolis: Fortress Press, 1994.

Bruce, G. M. *Luther As An Educator*. Westport USA: Greenwood Press, 1979.

Chung, Du Sung. "The Importance of Catechism for the Presbyterian Church in South Korea." Ph. D. University of Wales, 2014.

Cottret, Bernard. *Histoire de la réforme protestante XVIe-*

VIIIe. 박건택 역. 『루터, 칼뱅, 웨슬리』. 서울: 솔로몬출판사, 2004.

Deutschlander, Daniel M. "Luther's Large Catechism: an encouragement for faith and life." *Logia* 9/2 (2000): 23-32.

Dingel, Irene (Ed.). *Die Bekenntnisschriften der Evangelisch-Lutherischen Kirche*. Göttingen: Vandenhoeck und Ruprecht, 2014.

Drevlow, A. H. "The History, Significance, and Application of Luther's Catechisms." *Concordia Journal*, 5/5 (1979):

____. "How Luther Wanted the Catechism Used." *Concordia Journal* 8/4 (1982), 152-157.

Hof, Sonny. "Luther en de catechismus." In *Martin Luther: zijn leven, zijn werk*. Eds. Sabine Hiebsch and Martin van Wijngaarden. 2nd Ed. Kampen: Kok, 2007: 193-195.

Janzow, F. Samuel. *Getting into Luther's Large Catechism*. St. Louis: Concordia Publishing House, 1978.

Kaufmann, Thomas. *Martin Luther* (Beck'sche Reihe). 4 Aufl. C. H. Beck, 2016.

Köhler, Joachim. *Luther!: Biographie eines Befreiten*. Evangelische Verlagsanstalt, 2016

Kolb, Robert. *Teaching God's Children His Teaching: A Guide for the Study of Luther's Catechism*. Clayton: Concordia

Seminary Press, 2012.

Krodel, G. G. "Luther's Work on the Catechism in the Context of Late Medieval Catechetical Literature." *Concordia Journal*, 25/4 (1999): 364-404.

Loewenich, Walther von. *Von Augustin zu Luther : Beitrage zur Kirchengeschichte*. Witten : Luther-Verlag, 1959.

____. *Luther*. 박호용 역. 『마르틴 루터 그 인간과 그의 업적』. 서울: 성지출판사, 2002.

Lohse, Bernhard. *Martin Luther: Eine Einführung in sein Leben und sein Werk*. 3 Aufl. C. H. Beck, 1997.

Luther, Martin. Martin Luthers Werke (Weimarer Ausgabe, WA). Weimar: Böhlaus, 1883-2009[=http://www.lutherdansk.dk/WA/D.%20Martin%20Luthers%20Werke, %20 Weimarer% 20Ausgabe %20-%20WA.htm].

_____. *Calwer Luther-Ausgabe*. Hrsg. Heinrich Fausel. 12 Bde. Muenchen: Calwer Verlag, 1964-1966.

_____. *The Annotated Luther: Word and Faith*, Volume 2. Kirsi I. Stjerna.

MacPherson, Ryan C. *Studying Luther's Large Catechism: A Workbook for Christian Discipleship*

Nestingen. James Arne. "Approaching Luther." In *Cambridge Companion to Martin Luther*. Ed. Donal K. McKim. Cambridge: Cambridge University Press, 2003: 240-256.

Nicholas, John. *Luther's Large Catechism; God's Call to Repentence, Faith and Prayer, the Bible Plan of Salvation Explained*. Wentworth Press, 2016.

Oberman, Heiko A. *Luther: Man Between God and the Devil*. Image 1992.

Persaud, Winston. "Luther's Small and Large Catechisms: defining and confessing Christian faith from the centre in a religiously plural world." *Dialog* 46/4 (2007): 355-362.

Peters, Albrecht. *Commentary on Luther's Catechisms: Ten Commandments*. Concordia Publishing 2009.

______. *Commentary on Luther's Catechisms: Creed*. Concordia Publishing, 2011.

______. *Commentary on Luther's Catechism: Lord's Prayer*. Concordia Publishing, 2011.

______, *Commentary on Luther's Catechisms: Baptism and Lord's Supper*. Concordia Publishing, 2012.

______. *Commentary on Luther's Catechisms: Confession and Christian Life*. Concordia Publishing, 2013.

Pless, John T. "Martin Luther's Catechisms: Forming the Faith." *Concordia Theological Quarterly*, 74/1 (2010): 185-186.

Rogness, Alvin N. and Rogness, Peter. *Living in the Kingdom:*

Reflections on Luther's Catechism, Revised Edition. Augsburg Fortress, 2005.

Scaer, David P. and Robert D. Preus (Eds.). *Luther's Catechisms-450 Years: Essays Commemorating the Small and Large Catechisms of Dr. Matin Luther*. Fort Wayne: Concordia Theological Seminary, 1979.

Schaff, Philip. Ed. *Creeds of Christendom*. 3 Vols. New York: Harper, 1919.

____. *History of Christianity*. Vol. 7, 박종숙 역. 『독일종교개혁』. 고양: 크리스챤다이제스트, 2006.

Schulz-Akerson, Margaret V. "Reading the Word with the Heart: Luther's 'Large Catechism' and the Practice of Faith." D. Min. Claremont School of Theology, 2002.

Schurb, Ken. "Missional?: The church in Luther's Large Catechism." *Logia* 18/1 (2009): 15-21.

Schwarz, Reinhard. *Luther*, 정병식 역. 『마틴 루터』. 천안: 한국신학연구소, 2007.

Selderhuis, Herman J. *Luther*. 신호섭 역. 『루터 루터를 말하다』. 서울: 세움북스, 2016.

Van't Spijker, Willem. "The Influence of Luther on Calvin According to the Institutes." In *John Calvin's Institutes His Opus Magnum*. Pochefstroom: Pochefstroom University for Christian Higher Education, 1986: 83-105.

____. *Bidden om te leven*. 황대우. 『기도, 묵상, 시련』. 수원: 그 책의 사람들, 2012.

Wengert, Timothy J. "Forming the Faith Today through Luther's Catechisms," *Lutheran Quarterly*, 11/4 (1997): 379-396.

____. "Luther's Catechisms and the Lord's Supper." *Word & World* 17/1 (1997): 54-62.

____. "Martin Luther and the Ten Commandments in the Large Catechism." *Currents in Theology and Mission* 31/2 (2004): 104-114.

____. "Luther on Prayer in the Large Catechism." *Lutheran Quarterly* 18/3 (2004): 249-274.

____. *Martin Luther's Catechisms: Forming the Faith*. Fortress Press, 2009.

미주

1. 2017년 4월 8일 총신대학교에서 개최된 개혁신학회에서는 총24편의 논문이 발표되었는데, 그 가운데 루터와 관련된 논문들은 다음과 같다: "루터의 성화론"(우병훈박사), "개선과 개혁: 에라스무스와 루터의 종교개혁 이해 비교"(김요섭박사), "종교개혁과 라이프치히 논쟁"(정원래), "루터와 칼빈의 이신칭의론 비교"(정하영박사). 그리고 동년 5월 27일 백석대학교에서 개최된 한국개혁신학회에서는 총 25편의 논문이 발표되었는데 그 가운데 루터와 관련된 논문은 다음과 같다: "루터의 다니엘서 칠십이레"(김대웅박사), "루터와 칼뱅의 예수 말씀 비교"(소기천박사), "루터, 숨어있는 교회"(우병훈박사), "루터의 예정론"(한병수), "마르틴 루터의 대교리문답"(이상웅박사), "루터와 독일신학"(정원래박사), "루터의 교회와 목회의 개혁"(김지훈박사), "루터의 신학적 분기점"(김성욱박사), "루터와 반유대주의"(김진섭박사). 필자의 발표문은 이상웅, "마르틴 루터의 대교리문답- 역사적 배경과 십계명, 사도신경 그리고 주기도문에 대한 해설에 대한 분석," 「한국개혁신학」 55 (2017): 111-152로 공표되었다.
2. 「신학지남」이 창간된 이후 루터 관련 기고 논문들은 다음과 같다: 배위량, "십계명에 범과와 리행에 대한 마틴 루터의 주해," 「신학지남」 7/3 (1925): 59-72; 배위량, "마틴 루터의 사젹과 샤진(쥬후1483-1546)," 「신학지남」 7/3 (1925): 73-86; 이정심, "루터의 논의 95개조," 「신학지남」 13/4 (1931): 58-65; 홍치모, "독일 인문주의와 루터의 종교개혁," 「신학지남」 42/4 (1975): 101-110; 홍치모, "종교개혁자들의 역사이해 -루터와 칼빈을 중심으로-," 「신학지남」 46/1 (1979): 91-103; 정정숙, "루터의 교육사상 연구," 「신학지남」 47/4 (1980): 99-134; 홍치모, "『젊은 루터』(1483-1546) 재론 -Erikson의 연구에 대한 비판-," 「신학지남」 52/1 (1985): 105-120; 박희석, "루

터의 두 왕론," 「신학지남」 52/2 (1985): 91-120; 홍치모, "루터와 농민전쟁," 「신학지남」 54/3 (1987): 144-156; 정일웅, "종교개혁시대의 Katechismus 연구 -루터의 신앙교육서를 중심하여-," 「신학지남」 55/3 (1988): 26-38; 김지찬, "브니엘 에피소드 해석사에서의 루터의 기억," 「신학지남」 70/3 (2003): 141-184; 서철원, "로마교회와 루터교회의 칭의교리에 대한 공동성명서," 「신학지남」 73/4 (2006): 4-11; 정원래, "아우구스티누스 수도회와 마틴 루터," 「신학지남」, 313 (2012): 148-171; 정원래, "아우구스부르크 신앙고백서(*Confessio Augustana*)," 「신학지남」 83/1 (2016): 185-225.

3. 예장합동 출신 가운데 루터 전문가는 분당두레교회 담임목사인 김용주박사이다. 그는 독일 베를린대학에서 16년간 루터를 연구하고 박사논문을 썼고(Kim Yong Joo, *Crux sola est nostra theologia; Das Kreuz Christi als Schlüsselbegriff der Theologia crucis Luthers* [Bern e. a. : Peter Lang, 2008]), 최근에 루터 평전을 출간하기도 해서 반향을 불러 일으켰으며(김용주, 『루터 혼돈의 숲에서 길을 찾다』 [서울: 익투스, 2012]), 바울에 대한 새로운 관점(NPP)의 등장 이후 집중적인 포화속에 휩싸여있는 루터의 칭의론에 대해 역사적 발생적인 방법으로 논구한 『칭의, 루터에게 묻다』(서울: 좋은씨앗, 2017)를 출간했다.

4. 초대교회로부터 현대에 이르기까지 광범위하게 읽고 신학적으로 대화했던 헤르만 바빙크(erman Bavinck, 1854-1921) 역시도 자신의 교의학적 입장이 '스위스 종교개혁을 통해 수용한 유형과 가장 긴밀하게 연관'되어 있다고 밝히면서, 그 이유로 '필자에 확신에 따르면 진리를 상대적으로 가장 순수하게 표현했기 때문'이라고 고백한 바가 있다(Herman Bavinck, *Gereformeerde Dogmatiek*, 박태현 역, 『개혁교의학』[서울: 부흥과개혁사, 2011], 1:54-55).

5) Abraham Kuyper, *De tractaat van de reformatie der kerk aan*

de zonen der reformatie hier te lande op Luthers vierde eeuwfeest aangeboden (Amsterdma: Höveker & Zoon, 1884[1883]), viii-ix. 카이퍼의 교회개혁론 매뉴얼이 담겨 있는 이 책자는 그가 주도했던 제2차 분리운동인 돌레안치(Doleantie)가 시작되기 3년전에 출간된 것이며, 최근에 영어로 완역되었다: Abraham Kuyper, *Tract on the Reformation of the Churches*, in *On the Church*, eds. John Halsey Wood Jr and Andrew M. McGinnis (Bellingham: Lexham Press, 2016), 77-280. 본문에 인용한 부분은 79쪽이다.

6) 칼빈과 루터의 신학적인 관계를 다룬 몇 몇 문헌을 들어본다: Willem Nijenhuis, *Calvinus oecumenicus: Calvijn en de eenheid der kerk in het licht van zijn briefwisseling*. ('s-Gravenhage, Nijhoff, 1959), 131-141; François Wendel, *Calvin*, translated by Philip Mairet (New York: Harper & Row, 1963); Willem van't Spijker, "The Influence of Luther on Calvin According to the Institutes," in *John Calvin's Institutes His Opus Magnum* (Pochefstroom: Pochefstroom University for Christian Higher Education, 1986): 83-105; Alexandré Ganoczy, *The Young Calvin* (Philadelphia: Westminster, 1987); Heiko A. Oberman, "*Initia Calvini:* The Matrix of Calvin's Reformation," in *Calvinus Sacrae Scripturae Professor*,. ed. W. H. Neuser (Grand Rapids: Eerdmans, 1994): 113-54.

7. Van't Spijker, "The Influence of Luther on Calvin According to the Institutes", 85.

8. 빌럼 네이언하위스는 자신의 박사논문에서 서간문에 나타나는 루터에 대한 칼빈의 평가를 정리해 주고 있다(Nijenhuis, *Calvinus oecumenicus*, 131-141).

9. *CO* 11:774. "*Sed haec cupio vobis in mentem venire: primum*

quantus sit vir Lutherus, et quantis dotibus excellât, quanta animi fortitudine et constàntia, quanta dexteritate, quanta doctrinae efficacia hactenus ad promgandum Antichristi regnum et simul propagandam salutis doctrinam incubuerit. Saepe dicere solitus sum : etiam si me diabolum vocaret, me tarnen hoc illi honoris habiturum, ut insignem Dei servum agnoscam : qui tarnen ut pollet eximiis virtutibus, ita magnis vitiis laboret." 1863-1900어간에 완간된 *Opera Omnia Ioannis Calvini*(= CO)의 디지털 텍스트는 제네바대학에서 제공하고 있다(https://archive-ouverte. unige. ch/unige:650). 본문에서 인용한 것은 Philipp Schaff, *History of the Christian Church*, 박종숙 역, 『교회사 전집 7: 독일종교개혁』(고양: 크리스챤다이제스트, 2006), 552으로 부터이다.

10. Théodore de Bèze, *Icones*, 박건택 역, 『종교개혁 영웅들의 초상』(용인: 크리스천 르네상스, 2017), 43. 드 베즈는 라틴어로 루터에 대한 다음과 같은 승리의 비문을 쓰기도 했다: "로마는 용맹스런 노력으로 세상을 길들였네/ 교황은 배반으로 로마를 정복했네/ 그렇다면 달필로 로마와 교황을 패배시키고/ 그들의 감옥을 깨부수는 루터는 누구인가?/ 오, 그리스여, 지금 너의 관례대로 너의 헤라클래스를 자랑해보라/ 그의 몽둥이는 이 [달]필에 견줄 때 아무것도 아니라네."(43). 한편 드 베즈가 '아버지'라고 부르는 존 칼빈에 대해서는 De Bèze, 『종교개혁 영웅들의 초상』, 131-132를 보라. 또한 금년 6월 20일에 역간된 Werner Schwanfelder, *95 Lutherorte, Die Sie Gesehen Haben Müssen*, 조미화 역, 『루터의 발자취』(서울: CLC, 2017)는 루터의 발자취를 따라 여행해 보고자 하는 이들에겐 유용한 여행 안내 책자이다.

11. Herman Bavinck, *Gereformeerde Dogmatiek*, 박태현 역, 『개혁교의학』 전4권 (서울: 부흥과개혁사, 2011), 1:226-227(= Bavinck, *GD*,

1, #50).

12. "Luther was geen systematische natuur; eene dogmatiek liet hij niet na."(Bavinck, *Gereformeerde Dogmatiek*, 1:154).

13. 정원래박사는 최근에 출근한 멜랑히톤 평전에서 크립토 칼빈주의자들에게 자행된 박해를 언급하고 있다(정원래, 『멜란히톤』[서울: 익투스], 286-287). 아브라함 카이퍼 역시 루터파에 의해서 라이프치히에서 단행된 니콜라우스 크렐(Nikolaus Krell, 1551-1601)의 단두대 참수형에 대해 비판적으로 언급한다(Abraham Kuyper, *Lectures on Calvinism*, 김기찬 역, 『칼빈주의 강연』[고양: 크리스챤다이제스트, 2000], 122).

14. 필자는 "루터의 대교리문답-역사적 배경과 십계명, 사도신경 그리고 주기도문에 대한 해설에 대한 분석,"「한국개혁신학」55 (2017), 각주 11에서 다음과 같이 주를 단 바가 있다: "개혁주의적 관점에서 본다면 루터와 루터파가 주창한 그리스도 인성의 편재를 말하는 속성의 교통(*communicatio idiomatum*)론이나 루터의 공재설(consubstantiation)을 수용할 수가 없다(문병호, 『기독론』[서울: 생명의말씀사, 2016], 723-727; Calvin, *Institutes*, 4.18; Herman Bavinck, *Gereformeerde Dogmatiek*, 박태현 역, 『개혁교의학』[서울: 부흥과개혁사, 2011], 4: 655-661, 678-686). 우리는 특히 헤르만 바빙크의 『개혁교의학』 전집(전4권) 속에서 루터와 루터파 신학의 문제점이 정확하게 지적되어진 것을 볼 수가 있다." 그리고 1544년 11월 25일자로 하인리히 불링거(Heinrich Bullinger, 1504-1575)에게 보낸 한 서신에서 칼빈은 루터의 단점과 오류에도 불구하고 그를 존경한다는 점을 분명하게 드러내었듯이(CO 11:774; 이상웅, "마르틴 루터(Martin Luther, 1483-1546)의 생애와 주요 저술 (1),"「신학지남」330 [2017] 47-51), 칼빈과 루터의 신학적인 관계에 대한 객관적으로 공정한 논구를 통해서 영향의 긍정적인 면과 칼빈 신학의 독자

적인 면을 밝혀야 한다고 생각한다.

15. 김용주, 『루터』, 301

16. 학자들에 따라 루터의 생애를 구분하는 방식은 상이하다. 마르틴 브레히트는 루터의 생애를 크게 세 시기로 대별하여 각각 한 권씩 할애했다: (1) 1483-1521, (2) 1521-1532, (3) 1532-1546 등으로 나누었고(Martin Brecht, *Martin Luther*, 3 vols. [Stuttgart: Calwer, 1981-1987]). 반면 프린스턴신학교의 은퇴교수인 스캇 헨드릭스는 1521년을 기준으로 삼아 두 시기로 나누었다(Scott Hendrix, *Martin Luther: Visionary Reformer* [New Haven and London: Yale University Press, 2015]), xiii). 필자는 브레히트처럼 세 시기로 대별하되 기준 연대는 다소 다르게 잡았다. 그리고 논문의 분량 관계로 본고에서는 초기만 다루고, 중기와 후기는 다음 논문에서 다루어 보고자 한다.

17. 여러 종류의 루터 전집의 간행 역사에 대해서는 Bernhard Lohse, *Martin Luther: Eine Einführung in sein Leben und sein Werk*, 3rd ed. (München: C. H. Beck,1997), 221-226; Michael Beyer, "Lutherausgaben," in *Luther Handbuch*, ed. Albrecht Beutel, 2nd ed. (Tübingen: Mohr Siebeck, 2010), 2-8을 참고하고, 한글로는 지원용 편, 『루터 선집』, 12권 (서울: 컨콜디아사, 1981-1989)의 매권 초두를 보라.

18. *D. Martin Luthers Werke*. Weimarer Ausgabe (Weimar: Böhlaus, 1883-2009). 1929년까지 나온 저술들은 디지털화 되어 있다(http://www.lutherdansk.dk/WA/ D.%20 Martin%20Luthers%20 Werke, %20 Weimarer%20Ausgabe%20-%20WA.htm).

19. 이 전집에 대한 간략한 소개는 https://de.wikipedia.org/wiki/Weimarer_Ausgabe_(Luther)을 보라. WA 58-73은 색인본(Register)이다. 2007-2007년 어간에 WA 전체를 재간행하기도 했고, 디지털화하기도 했다(Thomas Kaufmann, *Martin Luther*, 3rd ed.

[München: C. H. Beck, 2014], 123).

20. Beyer, "Lutherausgaben", 6. AWA로 약칭되는 이 추가본에 대해서 토마스 카우프만은 다음과 같이 설명해준다: "In der seit 1981 erscheinenden Ergänzungsreihe AWA… erscheinen Neueditionen von bereits in der WA erschienen Werken Luthers, neu afugefundene Qiellen und einschlägig Monographien zu einzelnen seiner Werke."(Kaufmann, *Martin Luther*, 122).
21. 그러한 선집으로 두 가지를 소개하고 싶다: Wolfgang Metzger (ed.), *Calwer Luther-Ausgabe*, 12 vols. (München and Hamburg: Siebenstern Taschenbuch Verlag, 1964-1966); Wilfried Härle (ed.), *Martin Luther Lateinisch-Deutsch Studienausgabe*, 3 vols. (Leipzig: Evangelischer Verlag, 2006-2009); Thomas Kaufmann & A. Beutel (eds.), *Martin Luther Schriften*, 4 vols. (Berlin: C. H. Beck, 2014-2015). 후자는 2017년 500주년 기념판으로도 보급되고 있다.
22. *Luther's Works*. American Edition, 55 vols. (St. Louis/ Minneapolis: Concordia Pub./ Fortress, 1958-1986).
23. https://www.cph.org/images/topics/images/topicpages/ professionalSubscriptions/luthers Works.pdf
24. Hans J. Hillerbrand e. a. (eds.), *The Annotated Luther*, 6 vols. (Minneapolis: Fortress, 2015-2017).
25. 지원용 편, 『루터 선집』, 12권 (서울: 컨콜디아사, 1981-1989).
26. http://christian.nocutnews.co.kr/show.asp?idx=3046324. 루터가 1520년에 쓴 세 저서들의 번역본은 지원용 역, 『종교개혁 3대 논문』(서울: 컨콜디아사, 1993)으로 역간되어져 있기도 하며, 권진호교수에 의해 루터의 설교 중 일부 번역과 해설한 것이 『루터에게 설교를 맡겨라』(서울: 두란노, 2011)로 출간되어 있다. 그리고 루터의 주요 저술을

선집한 다음의 선집 역시 루터 연구 초심자들에게는 유용하다: John Dillenberger (ed.), *Martin Luther Selections form His Writings*, 이형기 역, 『루터 저작선』(서울: 크리스챤다이제스트, 1994).

27. 이 점에서 1888년까지의 경우는 필립 샤프가 소개한 전기 목록이 도움이 될 수 있다(Schaff, 『독일종교개혁』, 92-93).

28. A. F. Cohrs (Hrsg.), *Martin Luther. dargestellt von seinen Freunden und Zeitgenossen Joh. Mathesius, Ph. Melanchthon, L. Cranach d., H. Sachs u.a.* (Berlin: Atlantis, 1933). 멜랑히톤과 코클라이우스가 쓴 전기는 영역본으로도 출간되어졌다(Elizabeth Vandiver e. a. [eds.], *Luther's Lives: Two Contemporary Accounts of Martin Luther* [Manchester: Manchester University Press, 2003]).

29. Julius Köstlin, *Martin Luther, Leben und Schriften*, 2 vols. (Elberfeld 1875/ 1883). 쾨스틀린은 루터 신학의 정수를 집대성하여 출간하기도 했다: Julius Köstlin, *Luthers Theologie in ihrer geschichtlichen Entwicklung und ihrem inneren Zusammenhange dargestellt*, 2nd ed. 2 vols. (Stuttgart: Steinkopf, 1901). 헤르만 바빙크는 루터의 신학을 이해하고 소개함에 있어서 무엇 보다도 쾨스틀린의 저서에 의존하고 있다(이상웅, "헤르만 바빙크의 『개혁교의학』에 사용된 참고 문헌 분석," 「신학지남」 322 [2015]: 95).

30) Schaff, 『독일종교개혁』, 85-638. 한 가지 아쉬운 점은 샤프는 1530년까지의 기술로 루터에 대한 전기적 기술을 끝맺었다고 하는 점이다.

31) Roland Bainton, *Here I Stand: A Life of Martin Luther* (1950/ Peabody: Hendriksen, 2010), 이종태 역, 『마틴 루터의 생애』(서울: 생명의말씀사, 1982); Heiko A. Oberman, *Luther. Mensch zwischen Gott und Teufel* (Berlin: Severin und Siedler, Berlin, 1982), *Luther - Man Between God and the Devil* (London: Fotana, 1989), 이양

호, 황성국 공역, 『루터 - 하나님과 악마 사이의 인간』(서울: 한국신학연구소, 1995). 유진 오스터하븐은 이 두 권의 전기를 crisp syle로 쓰여진 전기라고 평가했다(M Eugene Osterhaven, "Book Review of *Martin Luther: Shaping and Defining the Reformation*, 1521-1532," *Theology Today*, 49/1 [1992]: 116-120),

32. Michael A. Mullett, *Martin Luther* (Routledge Historical Biographies), 2nd ed. (Oxford: Routledge, 2014); Scott Hendrix, *Martin Luther: Visionary Reformer* (New Haven and London: Yale University Press, 2015); Lyndal Roper, *Martin Luther: Renegade and Prophet* (London: The Bodley Head, 2016). 국내에 소개된 헨드릭스의 『마르틴 루터』, 전경훈 역(서울: 뿌리와이파리, 2016)는 2010년에 출간한 *Martin Luther: A Very Short Introduction* (Oxford 2010)를 역간한 것으로 최근에 나온 전기에 대비하여 입문적인 소전기라고 평가할 수 있다.

33. 로우퍼는 호주 출신으로 튀빙겐대학교에서 헤이꼬 오버만의 지도로 박사학위를 받았고, 현재 옥스퍼드대학교에서 역사학 교수로 재직 중이다(Roper, *Martin Luther: Renegade and Prophet*, 13). 한편 로우퍼의 전기는 독일어로 번역되어 베스트 셀러덤에 올랐다(Lyndal Roper, *Der Mensch Martin Luther: Die Biographie*, trans. Holger Fock and Sabine Müller (Frankfurt am Main: S. Fischer, 2016).

34. Alister E. McGrath, *Luther's Theology of Cross: Martin Luther's Theological Breakthrough*, 2nd ed. (Oxford: Basil Blackwell, 2011), 김선영 역, 『루터의 십자가 신학』 (서울: 컨콜디아사, 2015). 이 연구서는 원래 1987년에 초판이 나왔는데 헤이꼬 오버만을 비롯하여 루터학자들에 의해 비판적 논의의 대상이 되었고, 사 반세기가 지난 다음에 그 결과를 반영하여 2판 수정본을 출간한 것이다.

35. Walther von Loewenich, *Martin Luther - Der Mann und das*

Werk (München; List Verlag, 1982), ET: *Martin Luther: The Man and His Work* (Minneapolis: Augsburg Fortress Pub, 1986), 박호용 역, 『마르틴 루터: 그 인간과 그의 업적』 (서울: 성지출판사, 2002); Bernhar Lohse, *Martin Luther: Eine Einführung in sein Leben und sein Werk*, 3rd ed. (München: C. H. Beck,1997) 영어판에서의 중역한 이형기 역, 『루터 연구 입문』(서울: 크리스챤다이제스트, 1993); Reinhard Schwarz, *Luther*, 3rd. ed. (Göttingen: Vandenhoeck & Ruprecht, 2004), 정병식 역, 『마틴 루터』(서울: 한국신학연구소, 2007- 한역본은 1998년에 나온 2판을 번역한 것임); Albrecht Beutel, *Martin Luther: Eine Einführung in Leben, Werk und Wirkung*, 2nd ed. [Leipzig. Evangelische Verlags-Anstalt, Leipzig 2006]); Heinz Schilling, *Martin Luther: Rebell in einer Zeit des Umbruchs*, 3 rd ed. (München: C. H. Beck, 2016). 보이텔이 편집한 루터 핸드북도 대단히 유용하다: Albrecht Beutel (Hrsg.), *Luther Handbuch*, UTB (Tübingen: Mohr Siebeck, 2010).

36. Thomas Kaufmann, *Martin Luther*, 4th ed. (München: C. H. Beck, 2016), 공준은 역, 『루터: 말씀에 붙잡힌 사람』(서울: 대한기독교서회, 2015); Joachim Köhler, *Luther!: Biographie eines Befreiten* (Leipzig: Evangelische Verlagsanstalt, 2016); Willi Winkler, *Luther: Ein deutscher Rebell* (Berlin: Rowohlt Berlin, 2016). 2008년 독일어로 출간되고 2012년에 한역본으로 나온 디터리히의 루터 전기는 흥미로운 필치로 쓰여져 있어 일반인들이 루터 입문서로 읽을 만 하다고 판단된다(Veit-Jakobus Dieterich, *Martin Luther: Sein Leben und seine Zeit*, 이미선 역, 『누구나 아는 루터 아무도 모르는 루터』[서울: 홍성사, 2012]).

37. Martin Brecht, *Martin Luther*, 3 vols. (Stuttgart: Calwer, 1981-1987). 1권은 1990년에 전면개정 3판이 출간되었으며, 세 권은 영

어로 완역되어 있다(*Martin Luther*, trans. James L. Schaaf, 3 vols. [Minneapolis: Fortress, 1985-1993]). 본고에서 영역본을 인용시는 각 권에 붙은 부제까지 포함하여 인용할 것이다: 1권- *Martin Luther: His Road to Reformation* 1483-1521, 2권- *Martin Luther: Shaping and Defining the Reformation*, 1521-1532, 3권-*Martin Luther The Preservation of the Church*, 1532-1546.

38. 웨스트민스터신학교 교회사 교수인 칼 트루만 조차도 이 3부작에 대해 "for the really serious Luther aficionado, however, the best biography in English is Brecht, Martin Luther, 3 vols."(Carl Trueman, *Luther on the Christian Life* [Wheaton: Crossway, 2015], 30).
39. Herman J. Selderhuis, *Luther : een mens zoekt God* (Apeldoorn: de Banier, 2016). 이 책은 단시간에 3쇄를 찍었고, 영역본에서 중역한 한역본도 이미 출간되었다(신호섭 역, 『루터 루터를 말하다』[서울: 세움북스, 2016]). 화란어 원서에 대한 평가는 다음의 사이트를 참고하라(http://www.debanier.nl/theologie/luther/).
40. Lucien Febvre, *Un destin: Martin Luther*, 김중현 역, 『마르틴 루터 한 인간의 운명』(고양: 이른비, 2016). 1928년에 출간된 페브르의 전기에 대해 박건택은 "아날 학파의 창설자 가운데 하나로, 루터와 독일 민중 사이에 내려진 사회 문화적 뿌리를 중시"한 작품이라고 평가한다(박건택, "종교개혁사 연구와 한국교회," 「신학지남」 314 [2013], 154).
41. James Leston jr. *Luther's Fortress*, 서미석 역, 『루터의 밧모섬』 (고양: 이른비, 2016).
42. 지원용, 『말틴 루터 생애와 사상』 (서울: 대한기독교서회, 1960); 김주한, 『마르틴 루터의 삶과 신학이야기』(서울: 대한기독교서회, 2002); 김용주, 『루터 혼돈의 숲에서 길을 찾다』(서울: 익투스, 2012).

43. Tim Dowley, *Atlas of the European Reformations* (Minneapolis: Fortress, 2015); Holger Janke, *Luther-Tour: Eine Motorradreise auf den Spuren von Martin Luther Taschenbuch* (Euskirchen: Highlights Verlag, 2016); Cornelia Doemer, *Martin Luther's Travel Guide: 500 Years Of The 95 Theses: On The Trail Of The Reformation In Germany* (New York: Berlinica Publishing LLC, 2016); 정병식, 『종교개혁자 마르틴 루터의 발자취를 찾아서』(서울: 대한기독교서회, 2017). 루터를 다룬 영화 가운데는 롤런드 베인톤의 루터 전기에 바탕을 둔 1953년 영화 Luther와 에릭 틸 감독이 2003년에 제작 발표하여 흥행한 Luther 등이 있다. 이런 영화나 youtube.com에서 제공하는 수 많은 영상 자료들은 루터와 그의 시대를 이해하는데 나름의 기여를 한다고 볼 수가 있다.

44. Dieterich, 『누구나 아는 루터 아무도 모르는 루터』, 18. 루터의 원래 가족명은 루더(Luder)였으나, 1507년의 한 편지에서부터 Martin Lutherus라는 이름으로 서명하기 시작했고, 1517년까지는 두 이름을 교차적으로 사용했으나 그 후에는 Luther(us)로 고정해서 사용했다(Roper, *Martin Luther*, 455, 주. 64).

45. 독일이 통일된 이후 동독 지역이었던 루터의 출생지와 성장지에 대한 고고학적인 발굴 등을 통해서도 루터의 가정은 중산층의 삶을 살았음을 알 수가 있다(Roper, *Martin Luther*, 17-34).

46. Kaufmann, 『루터 말씀에 붙잡힌 사람』, 34. 루터의 에어푸르트대학 학사, 석사 공부 시절에 대해 보다 자세한 것은 Brecht, *Martin Luther: His Road to Reformation* 1483-1521, 23-46; 김용주, 『루터』, 58-61 등을 참고하라.

47. Kaufmann, 『루터 말씀에 붙잡힌 사람』, 35.

48. 루터는 학사학위를 받을 때에는 57명의 동료가운데 30등으로 졸업했지만, 석사학위를 받을 때에는 17명의 동료 가운데 2등으로 졸업했

다(Kaufmann, 『루터 말씀에 붙잡힌 사람』, 35).

49. 슈바르츠는 루터가 석사학위를 받은 후 조교가 되었다고 말한다 (Schwarz, 『마틴 루터』, 28).

50. WA 49:322(Kaufmann, 『루터 말씀에 붙잡힌 사람』, 36). 독일어 2인칭 단수에는 경칭(Ihr)과 평칭(du)이 있는데, 법학부에 등록한 아들에 대해 한스 루터는 Ihr를 사용했다(Roper, *Martin Luther*, 46).

51. WATr 4:440(Kaufmann, 『루터 말씀에 붙잡힌 사람』, 36).

52. 아우구스티누스 수도회와 루터에 대해서는 정원래, "아우구스티누스 수도회와 마틴 루터," 「신학지남」, 313 (2012): 148-171을 보라.

53. Kaufmann, 『루터 말씀에 붙잡힌 사람』, 37.

54. 김용주, 『루터』, 63. 라인하르트 슈바르츠 역시 다양한 요인들을 열거해 주고 있다(Schwarz, 『마틴 루터』, 29-30).

55. Schwarz, 『마틴 루터』, 31.

56. Schwarz, 『마틴 루터』, 31.

57. Schwarz, 『마틴 루터』, 32-33.

58. Kaufmann, 『루터 말씀에 붙잡힌 사람』, 38; Schwarz, 『마틴 루터』, 33-34.

59. Schaff, 『독일 종교개혁』 , 104. 슈바르츠는 수도생활의 근간을 잘 설명해준다: "일곱 번의 성무일도(das Gebet der sieben *horae canonicae*)는 영적인 삶의 뼈대였다…시편은 성무일도에서 가장 중요했고, 일주일 동안 시편 전체를 기도했다. 물론 여타의 성서도 읽혔고, 교부의 설교 및 기도나 찬송, 디 나아가시 성인의 날에는 진설도 읽혔다."(Schwarz, 『마틴 루터』, 37).

60. 김용주, 『루터』, 66-67.

61. Bainton, 『마틴 루터의 생애』, 46에서 재인용.

62. Schaff, 『독일 종교개혁』 , 107. 그러나 후일 자기 제자 루터가 종교개혁자로 로마교회와 갈등을 일으키고 마침내는 파문당하게 되었

을 때 루터와의 관계를 멀리하게 된다(108-109). 두 사람의 관계에 대해 잘 정리한 책은 듀크대학의 스타인메츠의 연구서이다: David C. Steinmetz, *Luther and Staupitz: An Essay in the Intellectual Origins of the Protestant Reformation* (Duke Monographs in Medieval and Renaissance Studies)(Durham: Duke University Press, 1980). 스타인메츠는 슈타우피츠의 신학을 연구하여 박사 학위를 받은 학자이기도 하다(*Misericordia Dei. The Theology of Johannes von Staupitz in its Late Medieval Setting* [Leiden: Brill, 1968).

63. 스승의 지도에 충실했던 루터는 1516년에 다음과 같이 고백하게 된다: "다른 어떤 책보다도 성 아우구스티누스의 글에서 하나님, 그리스도, 인간, 그리고 인간의 모든 것이 무엇인지를 더욱 많이 배웠다."(WA 1:378; Kaufmann, 『루터 말씀에 붙잡힌 사람』, 39에서 재인용).

64. Schwarz, 『마틴 루터』, 40-41.

65. 비텐베르크는 토르가우(Torgau)와 더불어 작센 선제후령의 두 수도 중 하나였지만 "문화의 변두리에 있는 소도시"에 불과했고, 루터가 도착했을 때에 약 2천명이 거주하고 있었다. 그러나 루터의 종교개혁 이후 1530년대에는 루터와 멜랑히톤 덕분에 "종교개혁의 로마"로서 찬사를 받게 되었고 전성기를 누리게 된다(Dieterich, 『누구나 아는 루터 아무도 모르는 루터』, 49-50; Schwarz, 『마틴 루터』, 53-56). 전성기에는 수 천명의 학생들이 몰려 들었고, 멜랑히톤의 강의실에 모인 학생들이 무려 11개 언어로 대화하는 것을 들을 수 있을 정도가 되었다고 한다(Schaff, 『독일 종교개혁』, 117-118).

66. 루터의 로마 방문은 루터에게 깊은 실망감을 안겨 주었다. 당시의 로마 교황청에 속한 고위 성직자들의 삶은 부정부패의 모범이 될 정도로 세속화되어 있었기 때문이다. 그곳은 선한 목자들이 집결한 성도

(聖都)가 아니라 이리와 늑대들이 모여 우글대는 소돔과 고모라였다 (Schaff, 『독일 종교 개혁』, 112-115; Schwarz, 『마틴 루터』, 50-51): "나는 그곳의 모든 교회들과 카타콤을 찾아 다녔으며, 그들의 거짓과 모든 속임수를 모두 믿었다… 그곳에는 불경건과 죄악이 창궐하며 수치심 같은 것은 없다. 하나님도 사람도 존경받지 못하며, 죄악도 겸손도 대접을 받지 못한다." 로마방문에 대한 루터의 평가는 Selderhuis, 『루터, 루터를 생각하다』, 101-109을 보라.

67. Dieterich, 『누구나 아는 루터 아무도 모르는 루터』, 48-49: "루터는 평생 자신의 박사 칭호를 학자의 표시로 여기며 큰 가치를 부여했다." 심지어 로마교회로부터 파문을 당한 후에도 자신의 권위를 신학박사 학위에 근거해서 주장했다: "세월이 지난 후에 많은 어려움에 봉착할 때 마다 루터는 신학박사 학위를 마무리하고 온 힘을 다해 오류러부터 성서를 지켜내기로 굳은 맹세를 했던 것에 대해 위로를 얻곤 했다."(Schaff, 『독일 종교개혁』, 120).

68. Schwarz, 『마틴 루터』, 57-58.

69. 그의 1차 시편강의는 WA 3-4권에 실려있고, WA 55에 새로운 편집본이 수록되어 있다. 루터는 1519-21에 2차 시편강의(*Operationes in Psalmos*, WA 5)를 진행했고, 1532-1534년에 시편강의를 마지막으로 진행했다(김용주, 『루터』, 82).

70. 루터의 로마서강의 원고는 오랫동안 발견되지 않다가 1899년 바티칸 서고에서 발견되었고, 요하네스 피커에 의해 1908년 출판되기에 이른다(Bavinck, 『개혁교의학』, 4:218). 그리고 WA 56에 최종 수록된다. 영역본은 LW 25 그리고 한역본은 지원용 편, 『루터선집』, 4권이다.

71. 루터는 평생에 갈라디아 강해를 1516년, 1519년, 1531년 등 세 번 진행했다(김용주, 『루터』, 81). 루터의 대갈라디아강의라 불리는 1535년 인쇄본은 WA 40/1-2에 수록되어 있으며, 소갈라디아강의라 불리는 1519년판과 1535년판의 영역본은 LW 26-27에 있다.

72. Johannes Ficker (ed.), *Luthers Vorlesung über den Hebräerbrief 1517/1518*, 2Bde., (Leipzig: Dieterich'sche Verlagsbuchahndlung, 1929)으로 처음 출판되었고, 이 편집본은 WA 57/3, 5-238을 통해 출간되어지기도 한다. 영역본은 LW 29, 한역본은 지원용 편, 『루터선집』, 12:277-424에 수록되어 있다.

73. 루터의 초기 성경강의들에 대해서는 Schaff, 『독일 종교개혁』, 121-124; Schwarz, 『마틴 루터』, 59-83; 김용주, 『루터』, 80-101 등을 보라.

74. 지원용 편, 『루터선집』, 1:13. 루터는 탁상담화(WATr 1, no.674)에서 "성서는 광대한 산림이다. 이 산림 가운데 있는 어느 나무 하나 내 손길이 닿지 않은 것이 없다."고 고백한 적이 있다. 또한 1545년 죽기 1년 전 지나온 생애를 돌아보면서 겸허하게 이렇게 고백한 적도 있다: "나는 아무 것도 아니었고 아무 수고도 안했고 유혹을 받지도 않은 상태에서 무(無)로부터 갑자기 최고가 된 것이 아니라, 성경을 한 번 보는데도 자신의 모든 힘을 다 쏟았던 사람이었다"(Dillenberger [ed.], 『루터 저작선』, 49).

75. Dillenberger (ed.), 『루터 저작선』, 40-49.

76. Dillenberger (ed.), 『루터 저작선』, 48(= WA 54:185-186).

77. Dillenberger (ed.), 『루터 저작선』, 48(= WA 54:185-186).

78. Cf. 정원래, "facere quod in se est를 둘러싼 논의," 「한국개혁신학」 41 (2013): 151-177; 문병호, "가브리엘 비엘의 'facere quod in se est(자질대로 행함)' 교리 비판," 「개혁논총」 40 (2016): 105-135

79. 로마서강의에서 개진된 루터의 칭의론에 대해서는 김용주, 『루터』, 87-97와 『칭의, 루터에게 묻다』, 53-68; Bavinck, 『개혁교의학』, 4:218-227 등을 보라.

80. Dieterich, 『누구나 아는 루터 아무도 모르는 루터』, 51-54. 그리고 맥그라스는 1509-1514년 어간의 루터를 "중세 후기 신학자로서의 루

터"로 보고(1차 시편강해를 포함), 1514-19어간의 루터에 대해 "신학적 돌파: 전환기의 루터"로 본다(McGrath, 『루터의 십자가 신학』). 또한 1515-1521년 어간의 루터의 신학적 발전의 여러 요소들에 대해 지적하는 Schwarz, 『마틴 루터』, 70-71을 보라.

81. 현재 로마교회에서는 면죄라는 용어를 사용하지 아니하고 전대사(*indulgentia plena*)라는 용어를 사용하고 있으며, 개신교 진영에서도 면죄부 대신 면벌부라는 용어를 쓰는 학자들이 있다.

82. Martin E. Marty, *October 31 1517: Martin Luther and the Day That Changed the World* (Brewster: Paraclete Press, 2016).

83. Lohse, 『루터 연구 입문』, 72-73. 로우퍼에 의하면 또 한 사람의 증인으로 들 수 있는 뢰러(Röhrer) 역시도 1517년에 비텐베르크에 있지는 않았었다고 한다(Roper, *Martin Luther*, 1-2, 429-430).

84. Lohse, 『루터 연구 입문』, 73.

85. Roper, *Martin Luther*, 2: "Whatever really happened on 31 October, there is no doubting the significance of the theses themselves: the Reformation truly was sparked by a single text." 로우퍼 역시도 95쪽에서는 "Then, on 31 October 1517, Luther posted his Ninety-five Theses."라고 서술한다.

86. 루터의 『면죄부들의 효력의 포고에 대한 토론(을 위한 95개 논제)』(*Disputatio pro declaratione virtutis indulgentiarum*) 라틴어 원문은 WA 1:233-238에 수록되어 있고, 영문은 LW 31:25-33, 라, 독, 영, 한 대역본은 지원용 편, 『루터선집』 1:45-76에 실려있다. 최근에 출간된 김재성교수의 『종교개혁의 신학사상』(서울: CLC, 2017), 117-150에도 네 가지 언어로 된 95개 논제를 실고 있다.

87. 테첼이 면죄부 판매를 위해 사용한 가장 유명한 문장이 95개 논제 중 27번에 비판되고 있다: "연보궤 안에 던진 돈이 딸랑 소리를 내자마자 영혼이 연옥에서 벗어나 나온다고 말하는 것은 인간의 교리를 설

교하는 것이다."(김재성, 『종교개혁의 신학사상』, 126). 테첼이 사용한 독일어로 보면 "Sobald das Geld im Kasten klingt, die Seele in den Himmel springt!"인데, 각운을 이루면서 강한 어필을 하고 있다 (https://de.wikipedia.org /wiki/Johann_Tetzel).

88. 김재성, 『종교개혁의 신학사상』, 106-110; 김용주, 『루터』, 132-142.
89. 김재성, 『종교개혁의 신학사상』, 114-115.
90. Schaff, 『독일 종교개혁』, 135: "루터 신학과 경건의 핵심을 이루는 믿음과 칭의에 대한 언급도 없다. 루터는 온건한 접근을 원했고, 어머니인 교회로부터 분리되는 것은 감히 생각하지도 않았다." 샤프는 1545년 루터의 회고 속에서 95개 논제를 게시할 때에 "수도사이자 정신나간 교황주의자"였다고 고백한 내용도 소개했다. 에얼랑겐-뉘른베르크대학의 은퇴 교회사 교수인 베른트 함은 최근에 "중세의 면죄부 설교와 종교개혁의 은혜의 메시지 사이에 심원한 공통점"(tiefgeende Gemeinsamkeit zwischen spätmittelalterlichen Ablassverkündigung un der reformatorischen Gnaden-botschaft)이 있다는 논지를 담은 충격적인 책을 출간하기까지 했다 (Berndt Hamm, *Ablass und Reformation: Erstaunliche Kohärenz* (Tübingen: Mohr, 2016).
91. Schaff, 『독일 종교개혁』, 137; 김용주, 『루터』, 146.
92. 김재성, 『종교개혁의 신학사상』, 117.
93. WA 1:525-629; LW 31:81-252; 『루터선집』, 1:83-242.
94. 김용주, 『루터』, 145-146. 김용주 박사의 글을 조금 단순화 시켜서 인용했음을 밝힌다.
95. 김용주는 『루터』, 147-171에서 95개 논제에 대한 간략한 해설을 제시한다. 이 부분은 「목회와 신학」 2008년 9월호와 10월호에 "루터의 95개조 논제"라는 제목으로 기고했던 글을 실은 것이기도 하다.
96. 95개 논제가 그렇게 큰 영향을 미칠 수 있었던 것은 인쇄술에 크게

힘입었다는 점을 우리는 간과할 수 없다(김용주, 『루터』, 144. Cf. 정원래, "인쇄술과 종교개혁," 「개혁논총」 40 [2016], 305-339).

97. Schaff, 『독일 종교개혁』, 138.

98. 루터는 40개의 짧은 명제들 뿐 만 아니라 해설의 글도 준비했었는데, 라틴어 원문은 WA 1:353 -374, 409-426에 수록되어 있고, 영역본은 TAL 1:67-120에 수록되어 있다. 한역은 Dillenberger (ed.), 『루터 저작선』, 584-87에 짧은 명제만 번역 수록되어 있다. 루터의 하이델베르크 논제들에 대한 해설은 포드의 책이 유익하다(Gerhard O. Forde, *On Being a Theologian of the Cross: Reflections on Luther's Heidelberg Disputation, 1518* [Grand Rapids: Eerdmans, 1997]).

99. Schwarz, 『마틴 루터』, 114-117.

100. Dillenberger (ed.), 『루터 저작선』, 584-87. 20항의 라틴어 원문은 "*Sed qui visibilia et posteriora Dei, per passiones et crucem conspecta intelligit*"이고, 28항의 라틴어 원문은 "*Amor Dei non invenit, sed creat suum diligibile, Amor hominis fit a suo diligibili*"이다(WA 1:354).

101. Schaff, 『독일 종교개혁』, 149.

102. 아우크스부르크에서 카예타누스와 루터의 대면과 그를 둘러싼 전후 과정에 대해서는 Schwarz, 『마틴 루터』, 121-132를 보라. 루터 자신은 아우크스부르크에서의 카예타누스와의 대면 조사에 대해 37쪽 분량의 기록을 남겼다(*Acta Augustana*, Basel: Froben, 1518).

103. 김재성, 『종교개혁의 신학사상』, 199.

104. 2017년 개혁신학회 봄 학술대회에서 발표한 정원래, "종교개혁과 라이프치히 논쟁"을 보라(발표자료집 참고)와 Selderhuis, 『루터, 루터를 생각하다』, 198-207을 참고하라.

105. Schaff, 『독일 종교개혁』, 155-156.

106. Schaff, 『독일 종교개혁』, 156.

107. Schaff, 『독일 종교개혁』, 157. 에크는 자신이 토론에서 이겼다고 자축했지만, 브레히트의 판단대로 사실은 승리자는 루터였다. 즉, "성경만이 교회의 최종 권위가 될 수 있음을 분명히 일깨웠"다는 점에서 라이프치히 논쟁의 승리자는 루터라는 것이다(김용주, 『루터』, 174 재인용).

108. Kaufmann, 『루터: 말씀에 붙잡힌 사람』, 55-56(= Kaufmann, *Martin Luther*, 53).

109. 브레히트는 전기 1권의 한 장(XI. The Excommunication)을 할애하여 교황의 파문경고장 발표와 그 이후의 과정과 루터의 파문경고장을 태운 사건 등에 대해서 상술해준다(Brecht, *Martin Luther: His Road to Reformation 1483-1521*, 389-432, 529-534).

110. 김용주, 『루터』, 193-194.

111. 루터는 후일에 "자신의 인생에서 행한 가장 잘한 일이라며 기뻐"하였다는 편지글을 소개한 후 카우프만은 다음과 같은 역사적인 평가를 내린다: "이것은 그가 한 행동 중에 가장 거창하고, 용감하고, 단순하고, 도발적이고, 진지한 행위였다. 이 행위는 그리스도에 대한 믿음에 힘입어 교황교회를 파문시킨 행위였다. 유럽 교회의 역사에서 1520년 12월 10일은 '코페르니쿠스적 전환'이라 불린다."(Kaufmann, 『루터: 말씀에 붙잡힌 사람』, 56-57).

112. 루터는 1520년 어느 시점에 아우구스티누스 수도사의 관습(하루에 7회 기도 시간 참여)을 벗어버렸는데, 이로써 그는 많은 시간을 종교개혁적인 글을 쓰거나 활동을 하는데 활용할 수 있게 되었다(Roper, *Martin Luther*, 146). 디터리히는 "베스트셀러 작가인 루터는 창작의 최고봉에 다다랐다"고 평가하면서, "900페이지, 27개의 제목, 총 270쇄 인쇄, 50만부가 판매"된 저서들의 저자였다고 소개한다(Dieterich, 『누구나 아는 루터 아무도 모르는 루터』, 66-67).

113. 루터의 이 4대 저작에 대해서는 박건택, 『개신교 역사와 신학』

(서울: 개혁주의신행협회, 1998), 47-54; 김용주, 『루터』, 175-193; Brecht, *Martin Luther: His Road to Reformation 1483-1521*, 349-389, 525-529 등을 보라.

114. WA 6:202-276; LW 44:15-114; 지원용 (편), 『루터선집』, 9:33-127.

115. WA 6:404-469; LW 44:123-217; 지원용 (편), 『루터선집』, 9:137-228.

116. WA 6:497-573; LW 36:11-126; 지원용 (편), 『루터선집』, 7:127-202.

117. WA 7:20-38(독일어). 49-73(라틴어); LW 31:342-377; 지원용 (편), 『루터선집』 5:301-347.

118. 선행에 관한 설교를 제외한 나머지 세 가지 글들은 지원용에 의해서 『말틴 루터의 종교개혁 3大 논문』(서울: 컨콜디아사, 1993)으로 소개되어 있기도 하다.

119. 칼 5세의 공적 생애에 대해 간결하게 정리한 Schaff, 『독일 종교개혁』, 209-226를 보라.

120. 1521년 보름스 제국회의의 전말과 루터의 활동에 대해서는 Brecht, *Martin Luther: His Road to Reformation 1483-1521*, 433-476, 534-539; Roper, *Martin Luther*, 173-193, 468-474 등을 보라.

121. 보름스에서의 이 심문 과정에 대해 루터파였던 유스투스 요나스가 기록 출판한 것(Justus Jonas, *Acta et res gestae*)과 루터의 논적이었던 에크의 기록한 것(Eck, *Acta comparationis Lutheri*) 등을 우리는 참고할 수가 있다(WA 7:814-857; LW 32:105-131; 지원용 (편), 『루터선집』, 5:355- 378). 에크의 기록에는 당시 황제 앞에 제시된 루터의 독일어 저술과 라틴어 저술 명단이 수록되어 있다(『루터선집』, 5:377-378).

122. 샤프는 보름스에서의 루터의 유명한 답변에 대해 "종교적 자유의 역사에 있어서 신기원을 이루는 불후의 위대한 선언"이라고 평가하

고, 루터의 증언의 의미를 길게 논평한다(Schaff, 『독일 종교개혁』, 239, 242-244).

123. 『루터선집』, 5:361-362. 루터의 대답 원문을 실고 있는 WA 7:838에 보면 "*Hie ego. Quando ergo S. Maiestas vestra domiuationesque vestrae simplex responsum petunt, dabo Ulud neque cornutum ueque deiitatum in hunc modum: Nisi convictus fuero testimoniis scripturarum aut ratione evidente (uam neque Papae neque conciliis solis credo, cum constet eos et errasse 5 sepius et sibiipsis contradixisse) , victus sum scripturis a me adductis et capta conscientia in verbis dei, revocare neque possum nee volo quicqnam, cum contra conscientiam agere neque tutum neque integrum sit.*" 다음에 "Ich kann nicht anders. Hie stehe Ich. God helff mir. Amen."을 실고 있다. 라틴어로 공적인 대답을 하는 자리에서 독일어 문장이 등장하는 것이다. 원래의 기록에는 "Ich kann nicht anders. Hie[r] stehe Ich."가 없고, 후대에 첨가되었다고 한다(Brecht, *Martin Luther: His Road to Reformation 1483-1521*, 460, 537).

124. 이상은 샤프의 기록에 따른 것이다(Schaff, 『독일 종교개혁』, 247).

125. 김용주, 『루터』, 198-199; Brecht, *Martin Luther: His Road to Reformation 1483-1521*, 470-476. 브레히트는 다음과 같이 적실하게 논평해 준다: "For years the Saxon elector could act as if the Edict of Worms did not exist for him. In this critical moment the limits of imperial power and the protection of the elector save Luther and his work."(496). 그리고 "종교개혁이 진행되는 동안 보름스 칙령이 처한 운명"에 대해서는 Dieterich, 『누구나 아는 루터 아무도 모르는 루터』, 78-79를 보라.

126. Schaff, 『독일 종교개혁』, 255.

127. 루터의 바르트부르크 성에의 체류 시기에 관해서는 Schaff, 『독일 종교개혁』, 255-288; Brecht, *Martin Luther: Shaping and Defining the Reformation, 1521-1532*, 1-56; 463-469; Roper, *Martin Luther*, 195-216, 474-479. 그리고 저널리스트이자 역사 저술가인 제임스 레스턴이 학술적인 형태는 아니지만 1, 2차 문헌에 근거하여 쓴 다음의 저술도 도움이 될 것이다(James Leston jr. *Luther's Fortress*, 서미석 역, 『루터의 밧모섬』 [고양: 이른비, 2016]).

128. Dieterich, 『누구나 아는 루터 아무도 모르는 루터』, 80.

129. Schaff, 『독일 종교개혁』, 259-262.

130. Schaff, 『독일 종교개혁』, 259.

131. Schaff, 『독일 종교개혁』, 264. 이 시기에 루터가 쓴 저술들의 정보는 Brecht, *Martin Luther: Shaping and Defining the Reformation*, 1521-1532, 1-56; 463-469를 보라.

132. Dieterich, 『누구나 아는 루터 아무도 모르는 루터』, 82; Leston jr. 『루터의 밧모섬』, 185-199.

133. Schaff, 『독일 종교개혁』, 296-304; Selderhuis, 『루터, 루터를 생각하다』, 275-284.

134. 칼슈타트는 "사제였지만 결혼을 했고, 고해성사를 폐지시켰으며, 미사 전문을 바꾸었고, 교회에 있는 성화들을 '기름 우상, 나무토막 우상'으로 규정하고 민중들에게 그것들을 부수고 불태우라고 재촉"했는데. 이에 츠빌링(Zwiling)과 예언자들이라고 자칭했던 두 사람 마르쿠스 슈튀브너(Markus Stübner)와 니콜라우스 스토르히(Nikolaus Storch) 등도 동조했다(Paul Schreckenbach, *Martin Luther*, 남정우 역, 『마르틴 루터』[서울: 예영, 2003], 98). 파울 슈레켄바흐의 저술은 종교개혁 400주년을 기념하여 1916년에 처음 출간된 것으로 384장의 사진 자료들을 포함하고 있어 유용한 자료이다. 특히 2차 대전과 동서독 분리 이전 시기에 촬영한 자료이기 때문에, 21세기 초반의 모습

보다 훨씬 더 루터 시대에 가까운 모습을 담아내 주고 있기 때문에 참고할 필요가 있는 자료이다. 한편 비텐르크의 상황에 대해서 Walther von Loewenich, *Martin Luther*, 박호용 역, 『마르틴 루터 그 인간과 그 업적』(서울: 성지출판사, 2002), 290-301도 보라.

135. Philip Schaff, *History of Christianity*, vol. 7, 박종숙역, 『독일종교개혁』(고양: 크리스챤다이제스트, 2006), 296-300.

136. 루터는 이 문서 속에서 과격한 개혁이나 폭력 사용에 대한 입장을 분명하게 밝힌다: "나의 가르침을 바르게 읽고 이해한 사람들은 폭동을 일으키지 않는 사람들이다. 폭등을 일으키는 사람들은 나에게서 배우지 않은 사람들이다"(Schreckenbach, 『마르틴 루터』, 98에서 재인용).

137. 선제후는 루터의 비텐베르크 귀환을 반대하고 경고의 편지를 보내기까지 했다. 그러나 루터는 "선제후님의 보호보다 훨씬 더 높은 보호 아래 비텐베르크로 가고 있음"을 알린다고 말하고, 선제후를 향해 "제가 느끼는 바로는 선제후께서는 아직 믿음이 약하시기 때문에, 저를 보호하고 구해 줄 수 있는 분으로 인정해 드리기가 쉽지 않"다고 말하기까지 했다. 그리고 귀환한 다음날(3월 7일)에 쓴 편지에서는 자신이 돌아올 수 밖에 없었던 세 가지 이유를 밝혔다. 이 사유 설명 속에서 특히 비텐베르크 사람들에 대한 영적 목자로서의 사명감을 강력하게 표현한다: "저는 그들을 위해서 죽음이라도 당해야 할 의무가 있는 몸이며, 하나님께서 은혜를 베푸시면 그리스도께서 명하신 대로(요 10:12) 그들을 위해 저의 목숨을 즐겁게 내놓을 용의가 있습니다."(Schaff, 『독일종교개혁』, 301-302).

138. 루터가 비텐베르크로 돌아온 후에 행한 8편의 설교는 WA 10/3:1-64; 지원용 편, 『루터선집』 (서울: 컨콜디아사, 1987), 10:430-464에 수록되어 있다.

139. 지원용 편, 『루터선집』, 10:429-430.

140. 비텐베르크 시는 루터의 사역의 재개로 안정을 찾게 되자 상당한 선물을 루터에게 주었고, 심지어는 그의 부친 한스 루터에게 까지 선물을 보내 주었다. 한편 선제후는 "이제 하나님의 영이 루터 아에 있으며 루터를 통해서 활동하신다는 것을 굳게 믿"게 되었다(Schreckenbach, 『마르틴 루터』, 102).

141. Reinhard Schwarz, *Luther*, 정병식 역, 『마틴 루터』(서울: 한국신학연구소, 2007), 301; Schaff, 『독일 종교개혁』, 307. 선제후 프리드리히 현공은 루터를 위해 기본적으로 1년에 300굴덴에 해당하는 교수 봉급을 주었을 뿐 아니라, 중요한 기회에 선물이나 현금을 선사해주곤 했다.

142. 김용주, 『루터』(서울: 익투스, 2012), 232.

143. 김용주, 『루터』, 233.

144. 김주한, "루터와 에라스무스의 자유의지 논쟁의 재해석," 「韓國教會史學會誌」 17 (2005): 31-50; 윤희림, "에라스무스의 자유의지론," 「道德教育研究」 27/3 (2015): 29-147; 김종희, "에라스무스의 세미펠라기우스주의," 「개혁논총」 40 (2016): 231-258; 김요섭, "개선과 개혁: 에라스무스와 루터의 종교개혁 이해 비교," 「개혁논총」 42 (2017): 121-157 등을 보라. 김용주박사는 에라스무스의 입장을 다음과 같이 개설해 준다: "이 책에서 그는 인간의 의지는 타락했지만 선과 악을 선택하지 못할 정도로 전적으로 못쓰게 되지는 않았다고 말한다. 구원에 대해서도 인간 편에서의 선택이 중요하다고 보았다. 즉, 하나님은 예수 그리스도를 보내주시어 우리가 구원을 받을 수 있는 모든 조건을 충족시키셨지만, 그 구원을 받아들이고 받아들이지 않고는 우리 인간의 선택에 달려있다고 보았다."(김용주, 『루터』, 234). 펠라기우스주의와 반펠라기우스주의에 대한 명쾌한 정리는 Herman Bavinck, 『개혁교의학』, 3: 99-115(= *GD*, 3:71-86)을 보라.

145. WA 18:600-787; LW 33:15-295; 『루터 선집』 6:31-321. 한편 에라스무스와 루터의 저술을 함께 수록한 Library of Christian

Classics(LCC)판을 번역한 『루터와 에라스무스: 자유의지와 구원』(서울: 두란노서원, 2011)도 역간되어 있다.

146. 김용주, 『루터』, 235.

147. Schwarz, 『마틴 루터』, 309. 루터와 에라스무스의 논쟁의 전말에 대한 개관은 Schwarz, 『마틴 루터』, 305-313; Loewenich, 『마르틴 루터 그 인간과 그 업적』, 357-374를 보라. 발터 폰 뢰베니히는 루터의 반 에라스무스 작품에 대해 "그 작품은 루터가 종교적 천재라는 증거들 가운데 제1위에 놓여질 것이다"라고 평가한다(374).

14. Louis Berkhof, *Reformed Dogmatics: Introduction* (Grand Rapids: Eerdmans, 1932), 78. 이러한 평가는 벌코프 신학의 노선에 서있는 죽산 박형룡에 의해서도 여과없이 수용된다(박형룡, 『교의신학 서론』[서울: 은성문화사, 1964], 118). 또한 김재진은 루터의 노예의지론과 칼빈의 의지론에 대한 비교를 통해 양자의 공통점을 밝히기도 한다(김재진, "칼빈의 루터신학 유사성에 관한 一考," 「한국개혁신학」, 27 [2010]: 187-215).

149. Schaff, 『독일 종교개혁』, 352-359; Schwarz, 『마틴 루터』, 290-299; Veit-Jakobus Dietrich, *Martin Luther*, 이미선 역, 『누구나 아는 루터 아무도 모르는 루터』(서울: 홍성사, 2012), 88-97을 보라. 농민전쟁기에 대한 해설과 루터의 소책자들에 대해 변호를 하고 있는 Loewenich, 『마르틴 루터 그 인간과 그 업적』, 332-356도 보라.

150. Martin Luther, *Wider die räubischen und mörderischen Rotten der Bauern*, WA 18:361; Schwarz, 『마틴 루터』, 295에서 재인용. 동일한 페이지에서 슈바르츠는 루터가 1522년에 이미 "신학과 법적인 이유에서, 그리고 더 정확히는 복음을 위해서 폭동에 저항할 것"임을 밝힌 바가 있다고 적고 있다. 또한 루터는 "세상은 오직 말씀으로만 정복될 수 있으며, 교회 역시 말씀으로만 보호될 수 있으며 오직 말씀을 통해서만 세력을 얻을 수 있다"라고 확신하기도 했다(WATr 1, no.

567; Herman H. Selderhuis, *Martin Luther*, 신호섭 역, 『루터 루터를 말하다』[서울: 세움북스, 2016], 254에서 재인용).

151. 김광채, 『도해 종교개혁사』(서울: 아침동산, 2009), 82

152. 다음과 같은 루터의 고백을 보라. "저는 폭동 중에 모든 농민들을 때려 죽였습니다. 그들의 모든 피는 제 책임입니다. 그러나 저는 우리의 하나님께 이를 돌릴 것입니다. 그분이 제게 그렇게 말하도록 명령하셨습니다."(Dietrich, 『누구나 아는 루터 아무도 모르는 루터』, 96).

153. 카타리나 폰 보라에 대한 소설 형태의 전기가 역간되어 있다: Ursula Koch, *Rosen in Schnee*, 이은자 역, 『눈 속에 피는 장미』(파주: 솔라 피데, 2009).

154. Dietrich, 『누구나 아는 루터 아무도 모르는 루터』, 97. 멜랑히톤은 농민전쟁의 한 가운데 있으면서 루터가 결혼하는 것이 "온당치"못하다고 생각했고, 전직 수녀의 유혹에 빠져 결혼한 것이라고 보았다 (Selderhuis, 『루터 루터를 말하다』, 318).

155. Schreckenbach, 『마르틴 루터』, 125에서 재인용. 또한 한편 20세기 네덜란드의 독창적인 개혁신학자였던 끌라스 스킬더(Klaas Schilder, 1890-1952)는 『그리스도와 문화』 속에서 루터의 결혼의 의의를 다음과 표현한 적이 있다: "대머리 수사 마틴 루터가 마침내 결혼하여 다시금 건강하게 웃을 수 있게 되었을 때, 그는 문화를 치료하고 방향을 제시하는 자(als sanerend, en richtig-wijzend cultuur-producent)로서 금화 백 두캇(honderd ducaten)의 가치를 가지게 되었다."(Klaas Schilder, *Christus en cultuur*, geannoteerd door J. Douma, 6th ed. [Franeker: Wever, 1988], 81; 손성은 역, 『그리스도와 문화』[서울: 지평서원, 2017], 135).

156. 김용주, 『루터』, 240. 케테는 카타리나의 애칭이다.

157. Schwarz, 『마틴 루터』, 303.

158. Schwarz, 『마틴 루터』, 302. 장남 요하네스는 후일에 프로이센 영

주의 고문으로 일했고, 차남 마르틴은 신학자로, 3남 파울은 의사로서 활동했다. 이 세 아들의 후손들은 현재까지 이어지진 못했고 중간에 가문이 닫히고 만다. 루터의 자녀들과 가정사에 대한 자세한 내용은 Selderhuis, 『루터 루터를 말하다』, 351-369; Schaff, 『독일 종교개혁』,364-392 등을 보라.

159. Martin Luther, "The Estate of Marriage," in *Martin Luther's Basic Theological Writings*, 2nd ed., ed. Timothy F. Lull (Minneapolis: Augsburg Fortress, 2005), 158-159; Joe Rigney, *The Things of Earth: Treasuring God by Enjoying His Gifts*, 손현선 역, 『땅의 것: 하나님의 선물을 즐김으로 하나님을 높이는 삶』(서울: 좋은씨앗, 2017), 383-384에서 재인용.

160. 선제후 요한 불변공(Johann der Beständige, 1468-1532)은 그의 형 프리드리히 현공(Friedrich der Weise, 1463-1526)의 사후 선제후가 되어 1532년까지 재위했다. 요한 불변공의 사후에는 아들 프리드리히 용맹공(Friedrich der Großmütige, 1503-1554)가 선제후가 되었다. 따라서 루터의 생시에 세 명의 선제후(Kurstfürst)가 연속적으로 재위했기 때문에 구별할 필요가 있다.

161. Dietrich, 『누구나 아는 루터 아무도 모르는 루터』, 137-151. 루터는 후기에 "집안일 만큼은 케테에게 복종했습니다. 그 밖에는 성령이 저를 지배했습니다"라고 고백하기도 했다(Dietrich, 『누구나 아는 루터 아무도 모르는 루터』, 144).

162). Schreckenbach, 『마르틴 루터』, 154에 의하면 이 찬송가가 1529년에 공식적으로 찬송가 책에 실리지만, 그러나 그 저작 시기가 1527년이라고 주장하는 학자들이 있음을 시사한다.

163). 루터의 『대교리문답』의 독일어 텍스트는 Irene Dingel (ed.), *Die Bekenntnisschriften der Evangelisch-Lutherischen Kirche* (Göttingen: Vandenhoeck und Ruprecht, 2014), 912-1162(BLSK

로 약기함); Heinrich Fausel (ed.), *Calwer Luther-Ausgabe*, 12 vols. (München: Calwer Verlag, 1964-1966), 1:9-171(CLA로 약기함); Kirsi I. Stjerna (ed.), *The Large Catechism of Dr. Martin Luther, 1529: The Annotated Luther Study Edition* (Minneapolis: Fortress Press, 2016. LC로 약기함); 최주훈 역, 『대교리문답』(서울: 복있는사람, 2017) 등이다.

164. 자세한 내용은 이상웅, "마르틴 루터의 대교리문답", 116-118을 보라. 루터는 자신의 저작전집을 출판하자고 제안한 사람에게 답변하는 편지에서 노예의지론과 교리문답서 외에는 다 없애도 좋다라고 고백하면서, 대소교리문답서의 중요성을 부각시켰다. 루터의 서간 라틴어 원문은 다음과 같다: "*De tomis meorum librorum disponendis ego frigidior sum et segnior, eo quod Saturnina fame percitus magis cuperem eos omnes devoratos.i Nullum enim agnosco meum iustimi librum, nisi forte de Servo arbitrio et Catechismum.*"(Maritn Luther, WAB, 8:99).

165. 지원용 편, 『루터선집』, 9:379.

166. 지원용 편, 『루터선집』, 9:381.

167. 지원용 편, 『루터선집』, 9:416.

168. Luther, 『대교리문답』, 49-357(CLA, 1:22-160; LC 300-415).

169. 루터의 『대교리문답』서가 루터 신학 사상의 정수를 확인할 수 있는 작품임에 대해서 여러 학자들이 강조를 한 바가 있다. 몇 몇 예를 들어본다. "… Und stellt die umfassendste übersicht aus Luthers eingener Feder über Grundfragen der Dogmatik dar; er kannt also in gewisser Weise als Ersatz für eine von Luther nicht geschriebene Dogmatik gelten."(Bernhard Lohse, *Martin Luther: Eine Einführung in sein Leben und sein Werk*, 3 Aufl. [München: C. H. Beck, 1997], 154); "… Hier hat er (eigentlich

das einzige Mal in seinem großen Schrifttum) die Kernstücke evangelischer Lehre in ihrem ganzen Umfang in einer einzigen Schrift zusammengefaßt und damit der Kirche ihre Grundlagen gezeigt."(CLA 1:5); "Deze catechismus moest een samenvatting zijn van wat een christen uit de heilige Schrift moet weten om te leven en sterven."(Sonny Hof, "Luther en de catechismus," in *Martin Luther: zijn leven, zijn werk*. eds. Sabine Hiebsch and Martin van Wijngaarden, 2nd ed. [Kampen: Kok, 2007], 193).

170. 김용주는 "종교개혁사를 다루면서 가장 어려우면서도 가장 불행한 일은 개혁 진영 안에서 벌어진 성만찬에 대한 논쟁"이라고 지적한다(김용주, 『루터』, 242).

171. Cf 박건택, "칼뱅과 에큐메니즘," 「신학지남」 57/4 (1990): 96-115.

172. 김용주, 『루터』, 243. 물론 루터는 로마교회가 자행했던 잘못된 성체숭배를 거부했다. 다만 그는 성찬 제정 말씀에 초점을 맞추고, "성만찬에서 약속과 신앙을 강조"하고, "성만찬을 실재로 보았다"(김용주, 『루터』, 244).

173. 김용주, 『루터』, 246-247. 이렇게 저술들을 통해 시작된 루터와 츠빙글리의 신학적인 논쟁은 1529년까지 이어졌다.

174. 김용주, 『루터』, 250; Dietrich, 『누구나 아는 루터 아무도 모르는 루터』, 112-113.

175. Dietrich, 『누구나 아는 루터 아무도 모르는 루터』, 114. 마르부르크 회담에 대한 자세한 설명은 Schaff, 『독일종교개혁』, 522-546; Selderhuis, 『루터 루터를 말하다』, 383-388 등을 보라. 폰 뢰베니히는 예수님의 성만찬 제정사가 아람어로 주어졌으며, 아람어에는 "연결사가 없다는 것을 알지 못한 채 '이다'(est)만을 고집했다"라고 비판한다(Loewenich, 『마르틴 루터 그 인간과 그 업적』, 412).

176. Schaff, 『독일종교개혁』, 547-548.

177. 김용주, 『루터』, 256.
178. Schwarz, 『마틴 루터』, 348-349.
179. Schwarz, 『마틴 루터』, 351-352.
180. Schwarz, 『마틴 루터』, 355. 슈바르츠는 코부르크 체재 시기를 "상당히 외로웠을 코부르크 기간"이라고 불렀고, 118통의 현존하는 서간들 가운데 아우크스부르크 신앙고백서 초안자인 멜랑히톤에 보낸 서신이 총 37통이라고 밝힌다.
181. Selderhuis, 『루터 루터를 말하다』, 393. 루터와 그의 아버지 한스 루터 사이의 갈등에 대해선 널리 알려진 것이며, 심지어 20세기 들어 에릭 에릭슨(Erick Erickson)이나 에리히 프롬(Erich Fromm) 같은 정신분석학자들은 루터의 어린 시절의 아버지와의 관계를 가지고 루터의 생애를 해석하려고 했다. 하지만 그러한 요소는 루터의 형성에 있어 하나의 요소가 될 뿐이다(Lyndal Roper, *Martin Luther: Renegade and Prophet* [London: The Bodley Head, 2016], 10). 로우퍼는 "God became Luther's father, far more powerful than Hans Luder could ever be."라고 말하기도 한다(Roper, *Martin Luther*, 48). 그리고 후일 종교개혁자가 되고, 1525년에 결혼을 한 후 여러 자녀들을 낳게 되었을 땐 아버지와의 완전한 화해가 이루어진다. 그리고 1529년게 간행한 『대교리문답』의 부모공경을 중시하여 자세하게 상술하여 준다(Luther, 『대교리문답』, 100-129(= CLA, 1:42-56). 1530년에 부친이 노환에 시달릴 때에는 직접 모시기를 희망하기도 했다(Schaff, 『독일종교개혁』, 620). 한스 루터는 1530년 6월 5일에 "믿음을 간직한 채 돌아가셨다."
182. 파이트 디트리히는 멜랑히톤에게 편지하는 중에 "그분은 하루도 거르지 않고 세 시간씩, 그것도 연구하기에 가장 좋은 시간을 내어 기도를 드렸습니다… 그 분은 마치 하나님과 대화를 나누고 있음을 느끼듯이 경외심을 품고 구했으며, 아버지와 친구를 앞에 두고 말하듯

이 소망과 믿음을 가지고 구했습니다… 하나님 앞에서 그토록 친밀하게, 장중하게, 예를 갖추어 아뢰는 말을 듣자니 마음이 벅찼습니다."(Schaff, 『독일 종교개혁』, 372-373).

183. 아우크스부르크 신앙고백서(*Confessio Augustana*, 약기 CA) 작성 경위와 내용 분석에 관해서는 Roper, *Martin Luther*, 321-341; 정원래, "아우구스부르크 신앙고백서(*Confessio Augustana*)," 「신학지남」 83/1 (2016): 185-225; 정원래, 『멜란히톤』, 171-201 등을 보라. 또한 고백서 라틴어-독일어 원문은 Dingel (Hrsg.), *Die Bekenntnisschrift der Evagelisch-Lutherischen Kirche*, 85-225에 실려있고, 한역은 이장식 편역, 『기독교 신조사』(서울: 컨콜디아사, 1987), 1:36-68에 수록되어 있다.

184. 정원래, 『멜란히톤』, 178.

185. 멜랑히톤이 작성한 "Apologia Confessionis Augustanae" 라틴어-독일 원문은 Dingel (Hrsg.), *Die Bekenntnisschrift der Evagelisch-Lutherischen Kirche*, 236-709에 수록되어 있다. CA의 조목 조목에 대한 해설과 변증을 담고 있기 때문에 1580년에 출간된 루터교 신앙고백문서집(*Concordia*, Konkordielformel, The Book of Concord)에도 수록되었고 현재까지도 루터교회에서는 중요시되고 있다.

186. 정원래, 『멜란히톤』, 180-182.

187. CA 4에서 멜랑히톤은 칭의에 대한 내용을 담고 있는데 그 내용을 소개해 본다: "우리는 우리 자신과 우리 자신의 공로와 행위와 보상(補償) 행위로써는 죄의 용서를 받거나 하나님 앞에서 의로와질 수 없고 오직 그리스도가 우리를 위하여 고난을 받으셨기 때문에 우리의 죄가 용서를 받으며 의로움과 영생이 우리에게 주어진 것임을 우리가 믿을 때 이 신앙을 통하여 그리스도의 공로로 은혜로써 죄의 용서를 받고 하나님 앞에서 의로와진다고 가르친다. 바울이 로마서 3장

21-26절과 4장 5절에서 말한대로 하나님이 이 신앙을 의롭다고 간주하시고 인정하신다."(이장식 편역, 『기독교 신조사』, 37).

188. CA 7에 그 유명한 참된 교회의 정의가 들어있다: "*Et ad veram unitatem Ecclesiae satis est consentire de doctrina Evangelii et adminstratione Sacramentorum.*"(Dingel [Hrsg.], *Die Bekenntnisschrift der Evagelisch-Lutherischen Kirche*, 103).

189. 신앙고백서의 28개 조항의 간략한 개관은 정원래, 『멜란히톤』, 185-200을 보라. 1530년에 칼 5세는 아우크스부르크신앙고백서를 수용하기를 거절했지만, 1555년 아우크스부르크 평화협정이 체결되었을 때에 "한 지역이 로마 가톨릭이나 개신교로 결종되는 것은 그 지역의 통치자의 권한"에 맡기겠다고 칼 5세가 양보했을 때에 언급되는 개신교는 개혁파를 포함한 것은 아니고 "아우크스부르크 신앙고백서는 받은 종교"를 의미하게 된다(이남규, 『우르시누스 올레비아누스: 하이델베르크 요리문답서의 두 거장』[서울: 익투스, 2017], 110).

190. 베인톤, 『마틴 루터의 생애』, 339(= Bainton, *Here I Stand*, 387). 베인톤은 1531년 할 일 다했다는 듯이 고백한 루터의 말을 증거로 인용하기도 했다: "Should the papists by their devouring, biting, tearing help me to put off this sinful carcass and should the Lord not wish this time to deliver me as he has so often done before, then may he be praised and thanked. I have lived long enough. Not until I am gone will they feel Luther's weight."

191. 대표적으로 3권의 표준적인 루터 전기를 쓴 마르틴 브레히트의 예를 들 수가 있다. 그의 전기 3권은 1532-1546어간을 다루는데 500쪽이 넘는다(Brecht, *Martin Luther*, vol. 3 그리고 영역본). 또한 Mark Edwards jr., *Luther's Last Battles: Politics and Polemics, 1531-46* (Leiden: Brill, 1983)와 최근에 출간되어 호평을 받고 있는 Scott Hendrix, Martin Luther: Visionary Reformer (London and Yale:

Yale University Press, 2015)도 보라. 스캇 헨드릭스의 전기는 역사와 신학 양자를 조명하였고, 초기 생애만큼이나 후기 생애에 지면을 할애하여 균형을 잡고 있다.

192. 1513-1546년 어간의 루터의 공식 직함은 비텐베르크 대학교 신학부의 "성경학교수"(*Lectura in Biblia*)였었다는 사실을 우리는 잊지 말아야 한다. 디터리히에 의하면 "루터는 교수라는 자신의 직업을 매우 진지하게 생각했다. 그는 지치지 않고 성서 해석에 몰두했"다라고 하는 디터리히의 말은 과언이 아니다(Dietrich, 『누구나 아는 루터 아무도 모르는 루터』, 132). 한편 루터는 장크트 마리엔 교회에서 설교 사역도 많이 했다. 그가 행한 3천 편의 설교들 가운데, 2천편이 남아있다(Dietrich, 『누구나 아는 루터 아무도 모르는 루터』, 156). 성서학교수와 설교자로 루터에 대한 평가는 Robert Kolb, *Martin Luther and the Enduring Word of God* (Grand Rapids: Baker, 2016), 132-208을 보라.

193. WA 31/2, 586-769에 수록됨(Schwarz, 『마틴 루터』, 380).

194. 김용주에 의하면 루터는 1531년 7월 1일에 이 강의를 시작해서 12월 12일에 마쳤다(김용주, 『루터』, 262).

195. Luther, *Galatervorlesung* 1531 라틴어 원문은 WA 40/1과 40/2에 수록되었으며, 영어로는 LW 26-27권에 수록되어 있다.

196. WATr 5:204; LW 53:439-440. 지원용 편, 『루터 선집』, 12:147에 보면 루터는 갈라디아서와 결혼한거나 다름이 없다는 고백이 있고, 『루터 선집』, 12:180에 보면 신학자가 되기 위해선 무엇보다 성경과 멜랑히톤의 *Loci Communes*에 정통하기를 권했고, 덧붙인다면 멜랑히톤의 『로마서주해』와 자신의 『갈라디아강의』와 『신명기강의』를 덧붙이고 싶다고 말한다.

197. 김선영, 『믿음과 사랑의 신학자 마르틴 루터』(서울: 대한기독교서회, 2014). 35. 저자는 2008년 프린스턴신학교에서 통과된 자신의

논문 Kim Sun-Young, *Luther on Faith and Love: Christ and the Law in the 1535 Galatians Commentary* (Minneapolis: Fortress, 2014)을 번역 출간한 것이다. 그리고 1519년 1차 강해와 1531년 2차 강해를 비교 연구한 다음의 학위논문이 있다: Karin Bornkamm, *Luthers Auslegungen des Galaterbriefes von 1519 und 1531. Ein Vergleich* (Berlin: de Gruyter, 1963). 그리고 루터의 원숙한 신학이 담겨있는 이 저술이 아직 한글로 번역 소개 되지 않은 것은 유감스러운 일이다.

198. 김용주, 『루터』, 262. 이 저술에 대한 소개는 262-274에 걸쳐있다. "만일 칭의 조항이 잃어진다면, 동시에 기독교의 전 교리가 잃어진다."고 한 루터의 말을 소개하기도 한다(272).

199. Selderhuis, 『루터 루터를 말하다』, 408-411.

200. Brecht, *Martin Luther The Preservation of the Church*, 1532-1546, 95-113; Schaff, 『독일 종교개혁』, 265-288. 루터 성경이 얼마나 인기를 누렸는지 디터리히의 기록을 인용해 보겠다: "루터가 살아있는 동안 루터 성경은 고지독일어 성서 번역과 성서 부분 번역은 300쇄, 저지독일어 판까지 합하면 거의 100만부가 출판되었다… 역사상 '최초의 대중매체'가 되었고, 최초의 '베스트셀러'가 되었다."(Dietrich, 『누구나 아는 루터 아무도 모르는 루터』, 173) 한편 루터는 남은 생애 동안 자신이 번역한 성경을 수정하는 작업을 지속했다. 한편 루터가 번역한 독일어 성경은 현재까지도 루터란 교회에서 사용되어 왔으며, 2017년을 맞이하여 수정본이 나오기도 했다(Jubiläumausgabe 2017). 루터성경에 관해 여러 학자들의 글을 실은 Magot Käßermann and Martin Rösel (Hrsg.), *Die Bibel Martin Luthers: Ein Buch und seine Geschichte* (Stuttgart/Leipzig: Deutsche Bibel Gesellschaft/ Evangleische Verlagsanstalt, 2016)와 Kolb, *Martin Luther and the Enduring Word of God*, 209-238

등을 보라.

201. 될링거와 하이네의 논평은 Schaff, 『독일 종교개혁』, 635-636에서 재인용했다. 이러한 측면에서의 루터의 기여에 대해서는 20세기 독일의 대문호, 노벨상 수상작가, 그리고 반나치즘을 주장했던 토마스 만(Thomas Mann)에 의해서도 - 비평의 말도 담고 있지만- 인정될 수 밖에 없었다. 그의 70회 생일 기념 연설("Deutschland und die Deutschen", Rede anläßlich seines siebzigsten Geburtstages im Jahre 1945)에서 만은 다음과 같이 말한다: "Nichts gegen die Größe Luthers! Er hat nicht nur durch seine gewaltige Bibelübersetzung die deutsche Sprache erst recht geschaffen, die Goethe und Nietzsche dann zur Vollendung führten."(http://www.luebeck- kunterbunt. de/ Rangfolge/ Th._Mann_ueber_Luther.htm).

202. 김용주, 『루터』, 276-277. 독일 하이델베르크의 루터전문가였던 하인리히 보른캄 역시도 "만일 루터가 돌아와 신학교에서 교편을 잡게 될 경우 그는 구약 분야에 더 적격일 것이라"고 말하기도 했다(Heinrich Bornkamm, *Luther und das Alte Testament*, 1948, 6; 지원용 편, 『루터선집』, 1:13재인용). 또한 LW 1-30권이 루터의 성경 강의 번역본인데, 그 가운데 LW 1-20이 구약을 담고 있고, LW 21-30이 신약 부분을 담고 있다.

203. Luther, *Genesisvorlesung*, WA 42-44; LW 1-8. 한글로는 지원용 편, 『루터선집』, 1:49-298에 주요 부분이 번역 소개되어져 있다.

204. 지원용 편, 『루터선집』, 1:48(편집자 소개의 말).

205. 김용주, 『루터』, 277. 루터의 창세기 강의에 대한 몇몇 연구서로는 다음의 문헌들을 들 수 있는데(www.abebooks.com) 추이를 살펴보면 최근에 많은 논의가 진행되고 있음을 알 수가 있다: E. Seeberg, *Studien zu Luthers Genesisvorlesung. Zugleich ein Beitrag*

zur Frage nach dem alten Luther (Gütersloh: Bertelsmann, 1932); Peter Meinhold, *Die Genesisvorlesung Luthers und ihre Herausgeber* (Stuttgart: W. Kohlhammer, 1936); Hans-Ulrich Delius, *Die Quellen von Martin Luthers Genesisvorlesung* (München: Kaiser, 1992); Ulrich Asendorf, *Lectura in Biblia Luthers Genesisvorlesung* (1535-1545)(Göttingen: Vandenhoeck & Ruprecht, 1998); Mickey Leland Mattox, *Defender of the Most Holy Matriarchs: Martin Luther's Interpretation of the Women of Genesis in the Enarrationes in Genesin, 1535-1545* (Leiden: Brill, 2003); Johannes Schwanke, *Creatio Ex Nihilo: Luthers Lehre Von Der Schopfung Aus Dem Nichts In Der Groben Genesisvorlesung (1535-1545)* (Berlin: Walter de Gruyter, 2004); John A. Maxfield, *Luther's Lectures on Genesis and the Formation of Evangelical Identity* (Kirksville: Truman State University Press, 2008); Jeremias Gollnau, *Abwendung von der Gottesgemeinschaft Luthers Sündenbegriff in der Großen Genesisvorlesung (1535-1545)* (Berlin: De Gruyter, 2016).

206. 김용주, 『루터』, 277-288.

207. Selderhuis, 『루터 루터를 말하다』, 411; "문명의 변방에 있는 비텐베르크는 종교개혁을 통해 일종의 '독일의 로마'로 떠올랐다… 정신적 지도자 루터와 거의 3,000명에 이르는 대학생이 머무는 이 작은 도시 대학은 독일 대학의 최정상에 있었다(Dietrich, 『누구나 아는 루터 아무도 모르는 루터』, 131-132).

208. 원래 제목은 *Artikel, so da hetten sollen auffs Concilion zu Mantua oder wo es würde seo überantwortet werden von unsers teils wegen*으로 간행되었다. 원문은 WA 50:192-254에 수록되어 있으며, 가장 최근의 루터교 신앙고백서 모음집에서 첫 독일

어 형태와 라틴어 역문을 참조할 수가 있다(Dingel [Hrsg.], *Die Bekenntnisschrift der Evagelisch-Lutherischen Kirche*, 718-785). 영역본은 최근 선집인 *The Annotated Luther(TAL)*, 2:423-467에서 최신 버전을 확인할 수 있으며, 동서 469-477에는 이 신앙조항에 서명한 이들에 대한 전기적 소개도 포함하고 있다. 한역본은 지원용 편, 『루터 선집』, 8:395-431을 참고할 수가 있다.

209. Marin Luther, *Der große Katechismus, Die Schmalkadischen Artikel. CLA* 1:5(편집자의 글): "In den *Schmalkadischen Artikeln* (1537), zu deren Abfassung die politische Lage Anlaß gab, hat Luther diesen innersten Gegensatz vor seinem Tode noch einmal wie in einem Testament ausgfuhrt." 김용주는 "슈말칼텐 조항(1537)을 통해 그는 자신의 가르침을 최종적으로 요약"하였다고 말한다(김용주, 『루터』, 253). 보다 자세한 내용은 William R. Russell, *Luther's Theological Testament: The Schmalkald Articles* (Minneapolis: Fortress Press, 1995)을 보라.

210. Selderhuis, 『루터 루터를 말하다』, 434.

211. 지원용 편, 『루터 선집』, 8:393; Brecht, *Martin Luther The Preservation of the Church*, 1532-1546, 178-185; Schwarz, 『마틴 루터』, 408.

212. Selderhuis, 『루터 루터를 말하다』, 433-434.

213. Schwarz, 『마틴 루터』, 409-410; Loewenich, 『마르틴 루터 그 인간과 그 업적』, 452-454. 루터는 결론에서 "이런 것들이 내가 죽을 때까지 기꺼이 서야만 하고 서 있어야 할 신앙조항들이다. 나는 내가 그들 가운데 어떤 것을 변경할 수 있고 양보할 수 있는지를 알지 못한다."라고 선언한다(Loewenich, 『마르틴 루터 그 인간과 그 업적』, 454에서 재인용).

214. 디터리히는 "아우크스부르크 신앙고백서보다 훨씬 신랄하고 비타

협적이며 공격적으로 작성된 루터의 슈말칼덴 조항은 루터가 떠난 뒤 거의 무시되었다"라고 말한다(Dietrich, 『누구나 아는 루터 아무도 모르는 루터』, 130).

215. Dietrich, 『누구나 아는 루터 아무도 모르는 루터』, 180.

216. Selderhuis, 『루터 루터를 말하다』, 445-447. 루터 스스로 "독일인들의 예언자"라는 표현을 쓰기도 했다(WA 30/3, 290; Loewenich, 『마르틴 루터 그 인간과 그 업적』, 516에서 재인용). 또한 의미하는 바는 다르겠으나 현대 신학자 파울 틸리히도 "루터는 루터파와는 아무 상관이 없다. 그는 기독교교회의 몇 안 되는 위대한 예언가 중 한 사람이다"는 평가를 남겼다(Dietrich, 『누구나 아는 루터 아무도 모르는 루터』, 231).

217. Thomas Kaufmann, *Martin Luther*, 공준은 역, 『루터 말씀에 잡힌 사람』(서울: 대한기독교서회, 2015), 59-60.

218. Loewenich, 『마르틴 루터 그 인간과 그 업적』, 498. 이어서 "그의 대적자들은 그를 '대항 교황'(counterpope)으로서 조롱하였다"는 말도 한다.

219. 생애 말년에 루터는 "묵시론적이고, 흑백 그림과 같은 폭력으로 점철된 세계상이 강화"되었다. 심지어 그는 "악마가 나의 케테보다도 훨씬 가까이 누워 잔다"라고 토로했고, 교황 신봉자, 터키인, 유애인 세 그룹이 "적 그리스도 3인조"라고 보았다(Dietrich, 『누구나 아는 루터 아무도 모르는 루터』, 203).

220. WA 54: 206-299. 이 논쟁서에서 루터는 "하나님이 말씀하시는 것을 듣고 싶은 사람은 성서를 읽으라. 악마가 말하는 것을 듣고 싶은 사람은 교황의 명령서와 칙서를 읽으라"고 권면한다(Dietrich, 『누구나 아는 루터 아무도 모르는 루터』, 208).

221. 초기로부터 후기에 이르기까지 유대인에 대한 루터의 이해는 Schwarz, 『마틴 루터』, 424-433; Thomas Kaufamnn, *Luther's Jews:*

A Journey into Anti-Semitism. trans. Lesle Sharpe and Jeremy Noakes (Oxford: Oxford University Press, 2017)을 보라. 그리고 최근에 출간된 *The Annotated Luther, vol. 5: Christian Life in the World*, ed. Hans J. Hillerbrand (Minneapolis: Fortress, 2017), 391-666에 루터의 "That Jesus Was Born a Jew (1523)," "About the Jews and Their Lies(1543)," "On the *Schem Hamphoras* and On the Lineage of Christ (1543)" 등 세 편의 관련 글이 영역되어 있다. 이 판본은 서문과 해설주가 달려있어 유익한 판본이다.

222. Dietrich, 『누구나 아는 루터 아무도 모르는 루터』, 205-206.

223. Schwarz, 『마틴 루터』, 432-433.

224. Kaufmann, 『루터 말씀에 잡힌 사람』

225. Schwarz, 『마틴 루터』, 448-451; Selderhuis, 『루터 루터를 말하다』, 452-459. 베르너 가우데는 루터의 병력사에 대해 무려 51쪽에 달하는 글을 남기기도 했다(Werner Gaude, *Zur Krankengeschichte Maritn Luthers*; Schwarz, 『마틴 루터』, 451을 보라).

226. 루터의 병력사를 자세하게 나열한 후에 폰 뢰베니히는 다음과 같이 예리하게 논평해 준다: "그의 질병이 점점 심해짐에 따라 그의 성마름도 그러했다. 때때로 분노를 터뜨렸다."(Loewenich, 『마르틴 루터 그 인간과 그 업적』, 501-507. 인용은 507에서).

227). Schreckenbach, 『마르틴 루터』, 169: "루터는 나이가 들수록 '최후의 심판이 곧 시작된다'는 신앙을 더욱 굳건하게 지녔으며, 최후의 심판을 두려워하지 않았다. 왜냐하면 그때 모든 적대자들이 소멸하고 '순수한 복음'이 승리하기를 희망했기 때문이었다. 루터는 '사랑하는 최후의 심판일이여, 어서 오소서!'라고 열렬하게 기도했다."

228. Dietrich, 『누구나 아는 루터 아무도 모르는 루터』, 210-211. 루터는 이미 1520년대부터 설교를 듣고도 변화하지 않은 회중들 때문에 지치고 괴로워했다(Selderhuis, 『루터 루터를 말하다』, 450-451).

229. Schwarz, 『마틴 루터』, 452-454; 김용주, 『루터』, 289-291. 루터는 죽기 1개월 전에 이미 자신의 상황이 종말로 치닫고 있음을 예감하고 있었다. "백발의 늙어 빠지고 느려 터졌으며 지치고 머리칼은 다 빠지고 한쪽 시력은 잃어버린" 사람으로 자신을 묘사했다(WAB 11: 199, 263; Selderhuis, 『루터 루터를 말하다』, 459에서 재인용).

230. WA 48:241: "*Scripturas sanctas sciat se nemo degustasse satis, nisi centum annis cum Prophetis, ut Elia et Elisaeo, Ioanne Baptista, Christo et Apostolis Ecclesias gubarnarit. Hanc tu ne divinam Aeneida tenta, Sed vestigia pronus adora. Wir sind Bettler, Hoc est verum, 16. Februarii Anno 1546.*" 한글 인용문은 Selderhuis, 『루터 루터를 말하다』, 496을 보라.

231. Selderhuis, 『루터 루터를 말하다』, 500.

232. Dietrich, 『누구나 아는 루터 아무도 모르는 루터』, 215. 황제는 루터를 이단자로 여겼고 진작으로 처형하지 못한 것을 후회했지만 루터의 무덤을 그대로 두었다. "그는 자신의 심판관을 찾았다. 나는 살아 있는 자와 싸우지, 죽은 자를 상대로 싸우지는 않는다"는 말을 남겼다.

233. 미국 개혁신학계에서는 최근 다음과 같은 루터에 대한 자료들을 출간했다: Carl R. Trueman, *Luther on the Christian Life* (Wheaton: Crossway, 2015); R. C. Sproul and Stephen J. Nichols, *The Legacy of Luther* (Philiipsburg: P&R, 2016).

234. *D. Martin Luthers Werke*. Weimarer Ausgabe (Weimar: Böhlaus, 1883-2009). 이하에서 이 전집은 관례대로 WA로 인용하기로한다. *Luther's Works* American Edition, 55 vols. (St. Louis/ Minneapolis: Concordia Pub./ Fortress, 1958-1986). 미국판 루터 전집은 1986년 색인본으로 완간되었으나, 최근에 추가 발간을 진행하고 있다(https://www.cph.org/t-book- subscriptions- luthers-works.aspx). 이 영역본 전집은 관례에 따라 LW로 인용하기로 한다.

국내에는 지원용박사가 편집한 『루터 선집』, 12권 (서울: 컨콜디아사, 1981-1989)이 중요한 자료원이 되어 왔으며, 최근에 한국루터교회는 미국판 루터 전집을 한글로 다 완역해 내기로 결정한 바가 있다.

235. Roland Bainton, *Here I Stand: A Life of Martin Luther* (1950/ Peabody: Hendrikson, 2010), 346-349; Herman J. Selderhuis, *Luther*. 신호섭 역, 『루터 루터를 말하다』 (서울: 세움북스, 2016), 336, 413. 이러한 루터의 고백은 스트라스부르의 볼프강 카피토 (Wolfgang Capito)에게 1537년 7월 9일자로 써 보낸 편지글에 나타난다: "*De tomis meorum librorum disponendis ego frigidior sum et segnior, eo quod Saturnina fame percitus magis cuperem eos omnes devoratos.i Nullum enim agnosco meum iustimi librum, nisi forte de Servo arbitrio et Catechismum.*"(Maritn Luther, WAB, 8:99). 한편 1542-43년 겨울에 가진 탁상담화(Tischreden)에서 누구든지 신학자가 되고자 하는 자는 성경, 멜랑히톤의 『신학총론』 (*Loci Communes*)을 가져야 하며 추가로 멜랑히톤의 로마서주석, 루터 자신의 갈라디아주석, 신명기주석과 요한복음주석을 추천하였다 (Luther, WA Tr 5, 5511; 『루터선집12』, 180-181).

236. James Arne Nestingen, "Approaching Luther," in *Cambridge Companion to Martin Luther*, ed. Donal K. McKim (Cambridge: Cambridge University Press, 2003), 247.

237. 네스팅엔은 루터에 대한 역사적인 평가를 위해서는 루터가 언급한 두 작품과 더불어 『그리스도인의 자유』, 『대갈라디아주석』(1535) 그리고 『두 가지 종류의 의』 등과 같은 저술들을 함께 고려할 필요가 있다고 주장한다(Nestingen, "Approaching Luther," 247).

238. Selderhuis, 『루터 루터를 말하다』, 374에서 재인용.

239. Bernhard Lohse, *Martin Luther: Eine Einführung in sein Leben und sein Werk*, 3 Aufl. (München: C. H. Beck, 1997),

154: "… und stellt die umfassendste Übersicht aus Luthers eingener Feder über Grundfragen der Dogmatik dar; er kannt also in gewisser Weise als Ersatz für eine von Luther nicht geschriebene Dogmatik gelten." 위의 본문 인용은 로제의 한역본 『루터 연구 입문』(서울: 크리스찬다이제스트, 1993), 188에서 취한 것이다. 또한 Heinrich Fausel (ed.), *Calwer Luther-Ausgabe*, 12 vols. (München: Calwer Verlag, 1964-1966), 1:5에도 유사한 평가가 실려있다: "… hier hat er (eigentlich das einzige Mal in seinem großen Schrifttum) die Kernstücke evangelischer Lehre in ihrem ganzen Umfang in einer einzigen Schrift zusammengefaßt und damit der Kirche ihre Grundlagen gezeigt." 화란 학자인 소니 호프 역시 이 교리문답서의 신학적 중요성을 다음과 같이 표현했다: "Deze catechismus moest een samenvatting zijn van wat een christen uit de heilige Schrift moet weten om te leven en sterven."(Sonny Hof, "Luther en de catechismus," in *Martin Luther: zijn leven, zijn werk*. eds. Sabine Hiebsch and Martin van Wijngaarden, 2nd ed. [Kampen: Kok, 2007], 193).

240. 최주훈, "해설의 글," in Martin Luther, *Der Grosse Katechismus*, 최주훈 역, 『대교리문답』(서울: 복있는사람, 2017), 18.

241. Luther, *Der Grosse Katechismus*, 지원용 역, "대교리문답," 『루터 선집』(서울: 컨콜디아사, 1983), 9:416.

242. 김효종, "루터의 대·소교리 문답서 연대에 관하여," 「루터 硏究」 13 (1999): 113-125; 송순재. "루터의 교리문답과 그 교수학적 가능성," 「신학과세계」 27 (1993): 264-291; 엄진섭. "루터의 교리문답에 나타난 복음 사상 : "교리문답에 관한 열 개의 설교들," 「神學과 信仰」 13 (2002): 79-120; 양금희. "루터와 칼빈의 '교회교육' 개념 및 구조 비교," 「성경과신학」 24 (1998): 361-430; 정일웅. "종교개혁시대

의 Katechismus 연구 -루터의 신앙교육서를 중심하여-,"「신학지남」 55/3 (1988): 26-56; 정일웅, "역사적 캐터키즘의 현대 목회적 적용에 대한 연구,"「신학지남」 64/4 (1997): 86-123.

243. 루터와 칼빈의 신학적인 관계에 대한 개요를 제공하는 판 엇뜨 스페이꺼르의 논문은 아직도 유용하다: Willem van't Spijker, "The Influence of Luther on Calvin According to the Institutes," In *John Calvin's Institutes His Opus Magnum* (Pochefstroom: Pochefstroom University for Christian Higher Education, 1986): 83-105. 그리고 존 칼빈의 『기독교강요』 초판본(*Institutio Christianae Religionis*, Basel 1536, 문병호 역, 『라틴어 직역 기독교강요』[서울: 생명의말씀사, 2009])의 저술 과정, 특히 구조와 내용면에서 루터의 작품들이 영향을 미쳤다고 하는 점은 많은 학자들이 인정해온 바이다(John Calvin, *Institutes of the Christian Religion* (1536), trans. Ford L. Battles [Grand Rapids: Eerdmans, 1989], 394에 있는 루터 작품 인용에 관한 인덱스 참고; Alexandre Ganoczy, *The Young Calvin*, trans. David Foxgrover and Wade Provo [Philadelphia: Westminster, 1987], 137-145; 김용주, 『루터 혼돈의 숲에서 길을 찾다』[서울: 익투스, 2012], 256). 이은재는 루터의 소교리문답에 대한 "확장된 해설서가 칼빈의 기독교강요(1536년 초판)"이라고 까지 평가했다(이은재. "마르틴 루터 (M . Luther : 1483-1546) 의 신앙과 경건."「한국개혁신학」 7 [2000]: 204). 또한 한인수는 칼빈의 『기독교강요』 초판은 루터의 『대교리문답』의 설계를 따라 작성했을 뿐 아니라 『제1차 교리교육서』(1537년)가 루터의 『대교리문답』을 본보기(modéle)로 하고 있다고 평가한다(한인수, "역자 서문," 『깔뱅의 요리문답』[서울: 경건, 1995], 13).

244. 김효종, "루터의 대·소교리 문답서 연대에 관하여", 113-125; 정일웅, "역사적 캐터키즘의 현대 목회적 적용에 대한 연구", 86-123.

245. 김효종, "루터의 대·소교리 문답서 연대에 관하여", 120-123. Charles P. Arand, Robert Kolb and James A. Nestingen, *The Lutheran Confessions: History and Theology of the Book of Concord* (Minneapolis: Fortress, 2012), 73: "Closely linked by timing and structure, the Small and Large Catechisms also share common sources."

246. 정두성은 최근에 출간된 자신의 박사논문 『교리교육의 역사』(서울: 세움북스, 2016), 119-142에서 루터의 교리교문답서의 배경과 특징에 대해서 명료하게 잘 진술해 주고 있다. 또한 원문은 Chung Du Sung, "The Importance of Catechism for the Presbyterian Church in South Korea"(Ph. D. University of Wales, 2014), 124-146을 보라.

247. 루터가 요청한 교회 시찰 혹은 방문 문제에 관하여는 『루터선집』(서울: 컨콜디아사, 1985), 8:335 -336와 Martin Brecht, *Martin Luther: Shaping and Defining the Reformation 1521-1532*, trans. James L. Schaaf (Minneapolis: Fortress Press, 1994), 259-273을 보라.

248. 이 문서는 *Unterricht der Visitatoren an die Parrherrn ym Kurfurstenthum zu Sachssen*이라는 제목으로 1528년에 처음 출간되었으며, WA 26:195-240, LW 40: 269-320, 『루터 선집』, 8:337-389에 수록되어 있다.

249. Brecht, *Martin Luther*, 270.

250. 지원용 편, 『루터선집』, 9:379.

251. 루터는 "소교리문답서를 가르친 다음에는 대교리문답서에 따라 더 정밀하고 광범한 지식을 사람들에게 주도록 하라."고 목회자들에게 권한다(지원용 편, 『루터선집』, 9:381).

252. 김용주, 『루터 혼돈의 숲에서 길을 찾다』, 255-256: "이 소요리문답

은 후에 그 본래의 정신이 쇠퇴했음에도 불구하고, 복음적 경건의 역사에서 전례 없는 영향을 미쳐왔고 현재의 문턱에까지 영향을 미치고 있다." 그리고 자신의 『소교리문답』이 출간된 1년 후인 1530년 5월 20일자로 작센 선제후에게 쓴 편지에서 루터는 흥분해서 다음과 같이 말해준다: "우리의 젊은이들이, 여자아이들과 마찬가지로 남자아이들도 신앙교육이나 성경을 너무도 잘 배웠기 때문에, 이 아이들이 과거의 모든 수도사들과 박사들 이상의 헌신으로 기도하고, 그들 이상의 확고함으로 믿으며, 그들 이상의 웅변으로 하나님과 그리스도에 대해 이야기하는 것을 볼 때 내 마음이 즐겁습니다."(Bernard Cottret, *Histoire de la réforme protestante XVIe-VIIIe*, 박건택 역, 『루터, 칼뱅, 웨슬리』[서울: 솔로몬출판사, 2004], 148에서 재인용).

253. Brecht, *Martin Luther*, 273; 엄진섭. "루터의 교리문답에 나타난 복음 사상 : "교리문답에 관한 열 개의 설교들," 82. 예컨대 1519년에는 『평신도를 위한 주기도문 해설』(WA 2:80-130; LW 42:15-81), 1519년에 십계명, 사도신경, 그리고 주기도문에 대해 설교했던 내용을 1522년에 『개인기도 책』이라는 이름으로 출간했다(WA 10/2: 375-406); LW 43:5-45).

254. Brecht, *Martin Luther*, 274. 1528년 한 해에 전한 루터의 교리문답 설교 원고는 라틴어와 독일어와 섞여 있으며, *WA* 30/1: 1-122에 모두 수록되어 있다.

255. 이 설교들은 *WA* 30/1: 57-121; *LW* 51:137-193; 지원용 편, 『루터선집』 (서울: 컨콜디아사, 1987), 10:469-535에 수록되어 있다. 제임스 샤프의 다음과 같은 평가는 적절하다고 하겠다: "From these sermons, almost verbatim, comes the text of the Large Catechism… One might thus say that the Large Catechism was not written in Luther's study or in the library, but was produced in the pulpit by a pastor concerned for his people"(James

Schaaf, "The Large Catechism: A Pastoral Tool," in *Luther's Catechisms-450 Years: Essays Commemorating the Small and Large Catechisms of Dr. Matin Luther*, eds. David P Scaer and Robert D. Preus [Fort Wayne: Concordia Theological Seminary, 1979], 42). 이 설교에 대한 분석과 평가는 엄진섭. "루터의 교리문답에 나타난 복음 사상 : '교리문답에 관한 열 개의 설교들'", 79-120을 보라.

256. 최주훈, "해설의 글," 17.

257. Kirsi I. Stjerna, "Introduction," *The Annotated Luther*, volume 2: *Word and Faith*, ed. Kirsi I. Stjerna (Minneapolis: Fortress Press, 216), 287.

258. *D. Martin Luthers Werke*. WA 30/1, 123-238.

259. Otto Clemen (ed.), *Luthers Werke in Auswahl*, 8 vols. (Berlin: Walther de Gruyter, 19), 4:1-99.

260. Heinrich Fausel (ed.), *Calwer Luther-Ausgabe*, 12 vols. (München: Calwer Verlag, 1964-1966), 1:9-171. 이 선집은 CLA로 약기하여 인용하기로 한다.

261. Irene Dingel (ed.), *Die Bekenntnisschriften der Evangelisch-Lutherischen Kirche* (Göttingen: Vandenhoeck und Ruprecht, 2014), 912-1162. 관례에 따라 이 자료집은 BSLK로 칭하기로 한다.

262. Martin Luther, *Large Catechism*, trans. John N. Lenker (Minneapolis: The Luther Press, 1908).

263. Theodore G. Tappert (ed.), *The Book of Concord* (Philadelphia: Fortress, 1959), 357-462.

264. Martin Luther, *The Large Catechism of Martin Luther*, trans. Robert H. Fischer (Piladelphia: Fortress, 1959).

265. Robert Kolb and Timothy Wengert (eds.), The Book of

Concord (Minneapolis: Fortress, 2000), 379-480. 이 신앙고백 모음집을 BC로 약기하기로 한다.

266. Kirsi I. Stjerna (ed.), *The Annotated Luther*, volume 2: *Word and Faith* (Minneapolis: Fortress Press, 216), 279-415. 『대교리문답』은 별도의 소책자로 출간되기도 했는데(*The Large Catechism of Dr. Martin Luther, 1529: The Annotated Luther Study Edition* [Minneapolis: Fortress Press, 2016]), 앞의 책과 쪽수 매김이 동일하기 때문에 활용이 용이하다. 이 영역본의 경우 LC로 약기하여 사용하기로 하겠다.

267. 지원용 편, 『루터 선집』(서울: 컨콜디아사, 1983), 9:415-547.

268. 지원용 편, 『루터 선집』, 9:413.

269. Martin Luther, *Der Grosse Katechismus*, 최주훈 역, 『대교리문답』(서울: 복있는사람, 2017).

270. Luther, 『대교리문답』, 49-357(CLA, 1:22-160; LC 300-415). 루터의 대소교리문답은 동일한 구조를 취하고 있다(Charles P. Arand, Robert Kolb and James A. Nestingen, *The Lutheran Confessions*, 75-77).

271. Luther, 『대교리문답』, 25-47(CLA, 1:11-21; LC 289-299). 3판 서문을 앞세운 것은 『대교리문답』이 일반 평신도들 보다는 그들에게 교리문답교육을 실시해야 하는 목회자들을 주안점으로 삼고 있음을 보여준다.

272. Luther, 『대교리문답』, 357-373(CLA, 1:161-167; BC 476-480). "참회에 대한 짧은 권고"는 초판에는 원래 없었고, 제2판(1529년)에서 첨부된 것이다. 초판을 근거로 번역한 라틴어 역본에는 이 부분이 없다(BSLK 912-1157에 독일어와 라틴어 대역본이 제시되어 있고, 이어지는 1158-1162에는 독일어로 "Ein kurtze Vermanung zu der Beicht"가 수록되어 있다.)

273. 사실 짧은 소논문에서 『대교리문답』을 충분하게 다룰 수는 없는 일이고, 루터 사상의 정수를 파악한다는 취지에서만 요점들을 분석해 보고자 한다. 영어로 나온 몇 권의 참고문헌을 소개한다. Willard Dow Allbeck and Charles P. Arand, *That I May Be His Own: An Overview of Luther's Catechisms* (Clayton: Concordia Publishing House 2005); Robert Kolb, *Teaching God's Children His Teaching: A Guide for the Study of Luther's Catechism*(Clayton: Concordia Seminary Press, 2012); David P. Scaer and Robert D. Preus (eds.), *Luther's Catechisms -450 Years: Essays Commemorating the Small and Large Catechisms of Dr. Matin Luther* (Fort Wayne: Concordia Theological Seminary, 1979); Timothy J. Wengert, *Martin Luther's Catechisms: Forming the Faith* (Minneapolis: Fortress Press, 2009). 그러나 가장 포괄적인 연구서는 하이델베르크의 루터학자 알프레히트 페터스(Albrecht Peters, 1924-1987)가 유작으로 남겼던 5부작이다: Ablrecht Peters, *Commentary on Luther's Catechisms*, 5 vols. (Clayton: Concordia Publishing, 2009-2013).

274. Luther, 『대교리문답』, 25.

275. Luther, 『대교리문답』, 28.

276. Luther, 『대교리문답』, 29-31. 루터는 선지자들과 성자들도 "말씀 앞에 항상 학생으로 머물렀다"(und noch immer Schüler geblieben sind)는 점에 근거하여 우리도 항상 학생으로 머물러야 한다는 점을 강조하기도 한다(CLA, 1:15). 이러한 자세는 루터 사후에 발견된 종이 조각에 기록된 바 "우리는 거지이다. 이것은 참이다"(Wir sind Bettler. *Hoc est verum*)라는 문구에서도 여실히 증명된다(WATr 5:318).

277. Luther, 『대교리문답』, 31.

278. Luther, 『대교리문답』, 31-33. 또한 루터는 교리문답서를 통한 말씀 공부의 가치에 대해 "모든 위험과 시련으로 만든 불화살을 막는 좋은 갑옷이자, 악한 전염병과 독을 막는 해독제"라고 강조하기도 한다(Luther, 『대교리문답』, 34).

279. CLA 1:16.

280. Luther, 『대교리문답』, 37.

281. Luther, 『대교리문답』, 33. 특히 "그런 자들에게는 처먹을 것을 내줘서는 안됩니다."라고 하는 표현은 거의 짐승에게 말하듯 한 것이다(CLA, 1:14: "Dann sollte man uns doch lieber nicht bloß nichts zu fressen geben"). 루터의 거치른 독일어 사용에 대해서는 최주훈, "해설의 글", 15-17을 보라.

282. Luther, 『대교리문답』, 38.

283. Luther, 『대교리문답』, 39. 독일어로는 "Die folgende Predigtunterweisung ist…"로 시작한다(CLA, 1:17).

284. Luther, 『대교리문답』, 39-40. Katechismus(라 *catechismus*)는 *katecheo*라는 '알리다,' '정보를 주다' 등을 의미하는 헬라어 동사에서 왔고, 신약에서는 누가와 바울에 의해 '가르치다'의 의미로 사용되었다(정두성, 『교리교육의 역사』, 27-28).

285. Luther, 『대교리문답』, 40.

286. Luther, 『대교리문답』, 41. 루터는 이 세 가지를 기본적인 세 기둥으로 여겼던 초대교회로부터 전승된 바를 따르고 있다(G. G. Krodel, "Luther's Work on the Catechism in the Context of Late Medieval Catechetical Literature," *Concordia Journal*, 25/4 [1999]: 364-404).

287. Luther, 『대교리문답』, 44(CLA 1:19-20).

288. Luther, 『대교리문답』, 45-46. 스체르나에 의하면 비텐베르크의 교리교육(catechetical instruction)에서 세례와 성찬이 첨가되어진 것

은 1525년 부터라고 한다(Stjerna, "Introduction", 295).

289. Luther, 『대교리문답』, 46; CLA 1:21; BLSK, 929: "quinque partes videmus totius Christianae doctrinae."

290. Luther, 『대교리문답』, 47(CLA 1:21). 루터의 교육론에 대해서는 김선영, "종교개혁사적 관점에서 본 루터의 교육사상과 교육개혁에 관한 연구"(철학박사, 연세대학교, 2012)을 보라.

291. 콜브에 의하면 사도신경으로 시작해서 주기도문과 십계명을 다루었던 중세의 주류적인 교리문답 순서를 이탈했다(Kolb, *Teaching God's Children His Teaching*, 24). 칼빈 역시 자신의 『기독교강요』 초판에서 루터가 변경한 순서를 따라 십계명, 사도신경, 주기도문, 성례들 순서로 다룬다(Calvin, 『라틴어 직역 기독교강요』, 목차를 보라).

292. 십계명 해설은 Luther, 『대교리문답』, 49-197(CAL 1:22-90)이고, 나머지 네 조항에 대한 해설은 Luther, 『대교리문답』, 199-358(CLA 1:91-160)이다.

293. Luther, 『대교리문답』, 199, 197.

294. 비단 『대교리문답』에서만 아니라, 1520년 3대 종교개혁 저술에 앞서 출간했던 『선행에 관하여』(*Von den guten Werken*)에서도 루터는 십계명 해설을 제시하고 있다(WA 6:202-276; LW 44:15-114; 지원용 (편), 『루터선집』, 9:33-127). 율법과 복음의 관계에 관한 루터의 이해는 Hans-Martin Barth, *Die Theologie Martin Luthers*, 정병식 역, 『마르틴 루터의 신학』(서울: 대한기독교서회, 2015), 318-348을 보라.

295. Luther, 『대교리문답』, 66. 최주훈은 "루터와 종교개혁은 제1계명에 대한 깨달음의 혁명이다. '하나님의 하나님되심'(Gottes Gottheit)이라는 주제는 중세 신앙관을 돌파하는 무기였다."라고 바르게 지적한다(Luther, 『대교리문답』, 65. 역자주 18).

296. Luther, 『대교리문답』, 51.

297. Luther, 『대교리문답』, 52. 루터는 "당신의 마음이 매달려 있고 당신의 모든 것을 지탱하는 대상 그것이 바로 당신의 신"(woran du dein Herz hänsgt und worauf du dich verlässest, das ist eigentlich dien Gott) 이라고 정의해주기도 한다(CLA 1:22).

298. Luther, 『대교리문답』, 53.

299. Luther, 『대교리문답』, 57.

300. Luther, 『대교리문답』, 57-63.

301. Luther, 『대교리문답』, 63.

302. Luther, 『대교리문답』, 64.

303. Luther, 『대교리문답』, 65.

304. Luther, 『대교리문답』, 66-67. 루터는 "이 계명은 당신에게 영원한 축복과 천상의 지복을 가져오기도 하고, 반대로 영원한 진노와 불행 또는 가슴 아픈 일을 몰고 올 수도 있"다라고 표현하기도 한다(Luther, 『대교리문답』, 70).

305. Luther, 『대교리문답』, 72-73. 루터는 모든 선한 것이 하나님께로부터 온다는 것을 굳게 신뢰할 것을 강조하고, "하나님이 주신 모든 재화들을 오용"하거나 "우상 삼지"말고, 선용할 것을 제1계명의 적용으로 말하기도 한다(Luther, 『대교리문답』, 72).

306. 루터는 개혁신학의 분류와 달리 형상을 만드는 것을 금하는 2계명을 생략하고, 하나님의 이름을 망령되이 일컫지 말라는 3계명을 2계명으로 삼는다. 루터의 십계명 구성은 로마 가톨릭교회와 일치하여 2계명을 없애는 대신에 10계명을 9와 10계명으로 양분한다(지원용, "십계명의 구분에 대하여," 『루터선집』, 9:403-404).

307. Luther, 『대교리문답』, 73.

308. Luther, 『대교리문답』, 74, 79도 보라.

309. Luther, 『대교리문답』, 75.

310. Luther, 『대교리문답』, 76-77.

311. Luther, 『대교리문답』, 78-79.

312. Luther, 『대교리문답』, 79.

313. Luther, 『대교리문답』, 80.

314. Luther, 『대교리문답』, 80. 루터는 악을 위해 맹세하는 것은 금하지만, "선을 위해 맹세하고, 이웃의 유익을 위해 맹세"하는 것은 권장한다. "이것은 바르고 선한 행위이며, 하나님의 이름으로 찬양하는 것이고, 진리와 정의를 확증하는 것이며, 거짓을 타도하고, 사람들을 평화로 이끌며, 순종을 만들고, 분열과 다툼을 멈추게 하는 방법입니다."(81).

315. Luther, 『대교리문답』, 83. 루터는 교육을 잘 받고 자란 아이들이 결국에는 나라의 인재가 될 것을 말하고, 또한 "아이들이 좋아할 만한 것으로 바르게 양육"하도록 "선하고 유쾌한 방법"을 사용해야 한다고 권면한다(85). 혹은 "아이들의 눈높이에 맞추어 아주 쉽게" 말해야 하며, "아이들의 언어를 사용"할 것을 권한다(86). 루터의 말 가운데서도 적용 또는 맞추어주심(*accomodatio*) 이론이 등장한다. 당시 비텐베르크대학 히브리어 교수였던 마티아스 플라키우스의 적용이론은 Herman Bavinck, *Gereformeerde Dogmatiek*, 박태현 역, 『개혁교의학』(서울: 부흥과개혁사, 2011), 2:122를 보라.

316. Luther, 『대교리문답』, 83-84. 심지어 루터는 카르투지오 은둔수도사들의 수도고행보다 더 기뻐하신다고 평가한다. 또한 십자가 성호 긋는 것의 정당성도 말한다(84). 그러한 관습은 2세기의 테르툴리아누스의 글에서부터 발견된다(LC 308, marginal note 82).

317. Luther, 『대교리문답』, 87-88.

318. Luther, 『대교리문답』, 88.

319. Luther, 『대교리문답』, 89-90.

320. Luther, 『대교리문답』, 91.

321. Luther, 『대교리문답』, 90. 루터의 안식일 계명론에 대해서는 윤상

원, "안식일 교리의 역사: 초대교회부터 청교도까지"(신학석사논문, 총신대학교, 2005), 171-227을 보라.

322. Luther, 『대교리문답』, 90.

323. Luther, 『대교리문답』, 92(= CLA 1:39: "In der Zeit nun, in der das im Schwange geht und in Übung ist, wird ein rechter Feiertag gehalten").

324. Luther, 『대교리문답』, 94.

325. Luther, 『대교리문답』, 95.

326. Luther, 『대교리문답』, 96(= CLA 1:41: "Darum wisse, daß es sich nicht bloß ums Hören handelt, sondern daß es auch gelernt und behalten werden soll.").

327. Luther, 『대교리문답』, 90-99를 보라. 루터는 안식일 계명에 대한 해설을 끝내면서, "말씀을 진지하게 생각하고 듣고 실천하면 말씀의 능력은 반드시 열매를 맺습니다. 하나님의 말씀은 우리에게 늘 새로운 이해와 새로운 기쁨, 새로운 경건을 일깨워주며 순전한 마음과 생각을 창조합니다. 왜냐하면 말씀은 게으르거나 죽어 있는 것이 아니라, 힘과 생명이 있기 때문입니다."라고 말한다(Luther, 『대교리문답』, 98).

328. Luther, 『대교리문답』, 99-100.

329. Luther, 『대교리문답』, 100-129(= CLA, 1:42-56).

330. Luther, 『대교리문답』, 100.

331. Luther, 『대교리문답』, 100. 따라서 부모를 공경하라는 것은 "하나님을 공경에 종속된 계명"이라는 점도 잊어서는 안된다는 점을 강조하기를 잊지 않는다(Luther, 『대교리문답』, 105).

332. Luther, 『대교리문답』, 101.

333. Luther, 『대교리문답』, 109-110. 루터와 그의 아버지 한스 루터 사이의 갈등에 대해선 널리 알려져 있다. 심지어 에릭 에릭슨(Erick Erickson)이나 에리히 프롬(Erich Fromm) 같은 정신분석학자들은

루터의 어린 시절의 아버지와의 관계를 가지고 루터의 생애를 해석하려고 했다. 하지만 그러한 요소는 루터의 형성에 있어 하나의 요소가 될 뿐이다(Lyndal Roper, *Martin Luther: Renegade and Prophet* [London: The Bodley Head, 2016], 10). 로우퍼는 "God became Luther's father, far more powerful than Hans Luder could ever be."라고 말하기도 한다(Roper, *Martin Luther*, 48). 그리고 후일 종교개혁자가 되고, 1525년에 결혼을 한 후 여러 자녀들을 낳게 되었을 땐 아버지와의 완전한 화해가 이루어진다. 그리고 『대교리문답』이 출간된 1년 뒤인 1530년에 부친이 노환에 시달릴 때에는 직접 모시기를 희망하기도 했다(Philip Schaff, *History of Christianity*, vol. 7, 박종숙역, 『독일종교개혁』[고양: 크리스챤다이제스트, 2006], 620). 한스 루터는 1530년 6월 5일에 "믿음을 간직한 채 돌아가셨다."

334. Luther, 『대교리문답』, 111.

335. Luther, 『대교리문답』, 111. 또한 루터는 다음과 같이 말하기도 한다: "'장수하리라'는 성경말씀은 단지 오래 산다는 뜻만이 아니라, 장수하며 누리게 될 모든 좋은 것을 소유한다는 뜻을 담고 있기 때문입니다. 즉 건강, 아내와 자녀, 양식, 평안, 좋은 정부 등을 가지게 된다는 의미입니다."(Luther, 『대교리문답』, 112).

336. Luther, 『대교리문답』, 114-124. 부모공경 계명을 이처럼 확장하여 이해하는 것은 『웨스트민스터대요리문답』 123-133문답에서도 찾아볼 수가 있다(김학모 편역, 『개혁주의 신앙고백』[서울: 부흥과개혁사, 2015], 706-722).

337. Luther, 『대교리문답』, 126-127.

338. Luther, 『대교리문답』, 127-128.

339. Luther, 『대교리문답』, 130.

340. Luther, 『대교리문답』, 131.

341. Luther, 『대교리문답』, 132-133.

342. Luther, 『대교리문답』, 134-137.

343. Luther, 『대교리문답』, 136-137.

344. Luther, 『대교리문답』, 138(= CLA 1:61).

345. Luther, 『대교리문답』, 139.

346. Luther, 『대교리문답』, 140(= CLA 1:62. "… daß man dem Nächsten keine Schande zufügen soll an seinem Eheweibe.").

347. Luther, 『대교리문답』, 141.

348. Luther, 『대교리문답』, 144, 146. 루터는 심지어 "이 결혼은 성직자의 직무보다 귀하고 위대하며 선한 행동"이라고까지 말한다(148).

349. Luther, 『대교리문답』, 142, 145.

350. Luther, 『대교리문답』, 142. 루터는 부모들에게 자녀들을 "바르고 성실하게 양육"할 의무뿐 아니라 "아이들이 성장했을 때 하나님의 말씀에 따라 명예롭게 결혼시"켜야 할 의무도 강조한다(147).

351. Luther, 『대교리문답』, 147(= CLA 1:65. "Denn wo eheliche Keuschheit gehalten werden soll, da müssen Mann und Weib vor allen Dingen in Liebe und Eintracht beieinander wohnen.".

352. Luther, 『대교리문답』, 149. 루터는 "오늘날 우리가 살아가는 모든 삶의 자리를 곰곰이 돌이켜 보면, 도둑으로 가득 찬 거대한 마구간 같습니다."는 말도 한다(151).

353. Luther, 『대교리문답』, 149.

354. Luther, 『대교리문답』, 149-152.

355. Luther, 『대교리문답』, 152.

356. Luther, 『대교리문답』, 153-155.

357. Luther, 『대교리문답』, 157.

358. Luther, 『대교리문답』, 158-159.

359. Luther, 『대교리문답』, 159.

360. Luther, 『대교리문답』, 161. 루터는 상거래의 분야에서 질서를 바로

잡아 가난한 자들이 착취당하지 않도록 할 의무는 영주나 정부에게 있다고 본다. 자신에게 맡겨진 소임은 "하나님의 말씀으로 가르치고 훈계하는 것, 그것 뿐"이라고 밝힌다(160).

361. Luther, 『대교리문답』, 162.

362. Luther, 『대교리문답』, 162-163.

363. Luther, 『대교리문답』, 165-167.

364. Luther, 『대교리문답』, 169.

365. Luther, 『대교리문답』, 170-171.

366. Luther, 『대교리문답』, 173-174.

367. Luther, 『대교리문답』, 174-176.

368. Luther, 『대교리문답』, 177.

369. Luther, 『대교리문답』, 178, 182-183.

370. Luther, 『대교리문답』, 179-182.

371. Luther, 『대교리문답』, 184.

372. Luther, 『대교리문답』, 184-185.

373. Luther, 『대교리문답』, 185-186(= CLA 1:85). 루터는 십계명 해설의 말미에서도 십계명을 "하나님께서 우리에게 주신 다른 어떤 가르침보다도 최고의 보화로 여기고 높여야 한다"라고 강조한다(197).

374. Luther, 『대교리문답』, 186-187.

375. Luther, 『대교리문답』, 188.

376. Luther, 『대교리문답』, 190-195. 루터는 1계명의 중요성을 "모든 계명의 머리이며 원천"이라고 표현하고, 1계명과 2-10계명의 관계를 다음과 같이 설명한다: "첫째 계명은 모든 계명 속으로 흘러 들어갑니다. 반대로 모든 계명은 첫째 계명으로 되돌아옵니다. 그러므로 첫째 계명은 처음이요 끝이고, 다른 모든 계명을 하나로 엮어 주는 고리이며 지반입니다."(195).

377. 루터는 제2부를 Vom Glauben(신앙에 관하여)라고 명명했으나

(CLA 1:91), 한역자 최주훈은 신조라고 옮긴 후에, 역자주를 통해 루터교의 관례대로 사도신경이라는 표현보다 사도신조라는 표현을 사용한다고 밝힌다(Luther, 『대교리문답』, 199, 역자주). 필자는 신조라는 표현과 더불어 사도신경이라는 표현을 사용할 것이다

378. Luther, 『대교리문답』, 201. 루터에 의하면 스스로의 힘으로 십계명을 지킬 수 있는 사람은 없고, 신조와 주기도의 도움을 받아야 한다는 것이 중요하다(201).

379. Luther, 『대교리문답』, 202.

380. Cf. Albrecht Peters, *Commentary on Luther's Catechisms: Creed* (Clayton: Concordia Publishing, 2011), 3-58.

381. Luther, 『대교리문답』, 202-203.

382. Luther, 『대교리문답』, 203-204.

383. Luther, 『대교리문답』, 204-205.

384. Luther, 『대교리문답』, 206-208.

385. Luther, 『대교리문답』, 209.

386. Luther, 『대교리문답』, 210.

387. Luther, 『대교리문답』, 210.

388. Luther, 『대교리문답』, 210.

389. Luther, 『대교리문답』, 212.

390. Luther, 『대교리문답』, 212.

391. Luther, 『대교리문답』, 213. 루터는 2조항에 대한 설교의 중요성을 다음과 같이 말해준다: "우리가 설교할 때 모든 복음의 성패는 바로 이 두 번째 조항을 어떻게 바르게 이해하는지에 달려있습니다. 왜냐하면 모든 구원과 지복은 그분께 달려 있고, 우리가 배우기에 넉넉하고 품이 넓기 때문입니다." (213). 2조와 관련된 루터의 설교의 예들은 지원용 편, 『루터선집』, 10:64-234에서 볼 수가 있다.

392. Luther, 『대교리문답』, 214. 거룩하게 만드시는 자로서의 성령의 사

역에 대한 강조는 청교도 신학자 조나단 에드워즈의 성령론의 강조점 과 다르지 않아 보인다(Cf. 이상웅, 『조나단 에드워즈의 성령론』[서울: 부흥과개혁사, 2013]).

393. Luther, 『대교리문답』, 214-215.

394. Luther, 『대교리문답』, 216. 어머니 교회(*ecclesia mater*) 메타포는 키프리아누스의 표현일 뿐 아니라 칼빈이 *Institutes* 4.1.1에서 사용하는 바이기도 하다.

395. Luther, 『대교리문답』, 217.

396. Luther, 『대교리문답』, 221-222.

397. Luther, 『대교리문답』, 223.

398. Luther, 『대교리문답』, 223.

399. Luther, 『대교리문답』, 223-224.

400. Luther, 『대교리문답』, 224-225.

401. Luther, 『대교리문답』, 226. 루터는 또한 "신조의 전체 내용을 이해했다면, 이제 성경의 가르침이 무엇인지 스스로 파악"할 수 있게 된다라고 강조하기도 했다(229).

402. Luther, 『대교리문답』, 227.

403. Luther, 『대교리문답』, 228.

404. Luther, 『대교리문답』, 228-229.

405. Luther, 『대교리문답』, 287(= CLA 1:130). 루터는 주기도문에 대해 여러 번 강론을 한 적이 있다(그 명단은 BSLK, 1070-1071 각주를 보라). 특히 1519년에 *Auslegung deutsch des Vaterunsers für die einfältigen Laien* (WA 2:80-130)을 저술했다. 또한 루터의 저작들을 근거로 루터의 기도론을 포괄적으로 정리한 것은 Albrecht Peters, *Commentary on Luther's Catechism: Lord's Prayer* (Clayton: Concordia Publishing, 2011)이다.

406. Luther, 『대교리문답』, 233.

407. Luther, 『대교리문답』, 234-236.
408. Luther, 『대교리문답』, 234-235.
409. Luther, 『대교리문답』, 236.
410. Luther, 『대교리문답』, 236-238.
411. Luther, 『대교리문답』, 239.
412. Luther, 『대교리문답』, 241.
413. Luther, 『대교리문답』, 243-244.
414. Luther, 『대교리문답』, 244.
415. Luther, 『대교리문답』, 245. 루터는 "사람이든 악마든 간에, 기도만으로 대적할 수 있"다고 말한다.
416. Luther, 『대교리문답』, 246-247.
417. Luther, 『대교리문답』, 247-248.
418. Luther, 『대교리문답』, 250.
419. Luther, 『대교리문답』, 251.
420. Luther, 『대교리문답』, 251-252.
421. Luther, 『대교리문답』, 253.
422. Luther, 『대교리문답』, 253.
423. Luther, 『대교리문답』, 254.
424. Luther, 『대교리문답』, 258-261.
425. Luther, 『대교리문답』, 261. 루터는 "한두 명의 그리스도인들이 이 세 번째 기도의 항목을 붙들고 무장하기만 한다면, 그들이 바로 우리의 성벽이 될 것이고 악의 세력에 대항하여 격퇴할 수 있을 것"이라고 독려하기도 한다(262).
426. Luther, 『대교리문답』, 263-265. 루터는 "이 땅에서 살아가기 위해 필요한 모든 것"의 범주에 드는 것으로 "먹을 것, 입을 것, 살 집, 건강한 육체, 풍성한 곡식의 수확, 경건한 아내와 자녀, 성실한 종들" 등 많은 것들을 나열한다. 루터의 이러한 포괄적인 이해는 그의 "산상설교

강해" 『루터선집』(서울: 컨콜디아사, 1984), 3:170에서도 동일하게 나타난다.

427. Luther, 『대교리문답』, 267-269.

428. Luther, 『대교리문답』, 269-270.

429. Luther, 『대교리문답』, 271: "간단히 말해 하나님께서 우리를 계속 용서하지 않는다면, 우리는 모든 것을 잃은 것이나 마찬가지입니다."

430. Luther, 『대교리문답』, 272-273.

431. Luther, 『대교리문답』, 275.

432. Luther, 『대교리문답』, 276-277.

433. Luther, 『대교리문답』, 278. 루터는 마귀가 쉴새 없이 우리를 시험한다는 점을 강조해서 상기시킨다. "악마는 매우 간교한 뱀의 머리를 가졌습니다. 그래서 작은 틈새라도 생기면 우선 머리부터 집어넣습니다. 그 후에 몸 전체가 자연스레 따라 들어오게 됩니다. 그러나 기도는 악마를 막아내고 쫓아버립니다."

434. Luther, 『대교리문답』, 280-281; Peters, *Lord's Prayer*, 197-207.

435. Luther, 『대교리문답』, 281.

436. Luther, 『대교리문답』, 282.

437. Luther, 『대교리문답』, 282-283.

438. Timothy J. Wengert, "Luther on Prayer in the Large Catechism." *Lutheran Quarterly* 18/3 (2004): 249-255에 소개되고 논의된 구체적인 예들을 보라.

439. Luther, 『대교리문답』, 284.

440. Luther, 『대교리문답』, 287. 루터의 저술들과 『대교리문답』에 근거한 성례론에 대한 종합적인 연구는 Albrecht Peters, *Commentary on Luther's Catechisms: Baptism and Lord's Supper* (Clayton: Concordia Publishing, 2012)이다.

441. Luther, 『대교리문답』, 287(= CLA 1:130. "Als erstes aber nehmen

wir uns die Taufe vor; durch sie werden wir ja am Anfang in die Christenheit aufgenommen.")

442. Luther, 『대교리문답』, 288-289.

443. Luther, 『대교리문답』, 289.

444. Luther, 『대교리문답』, 290. 루터는 "하나님께서 정하셨다면, 지푸라기 한 올보다 더 보잘것없어 보일지라도 귀하게 여겨져야 마땅"하다고 강조하기도 했다(290). 혹은 "하나님께서 당신의 이름을 걸고 명령하시고 베푸신 사건"이라고 말하기도 한다(290).

445. Luther, 『대교리문답』, 290.

446. Luther, 『대교리문답』, 292(= CLA 1:132. "Sie ist nicht ein bloßes gewöhnliches Wasser, sondern ein Wasser, das in Gottes Wort und Gebot eingefaßt und dadurch geheiligt ist. Somit ist's nichts anders als ein Gotteswasser; nicht weil das Wasser an und für sich edler wäre als ein anderes Wasser, sondern weil Gottes Wort und Gebot dazukommt.").

447. Luther, 『대교리문답』, 293.

448. Luther, 『대교리문답』, 294: "*Accedat verbum ad elementum et fit sacramentum.*"

449. Luther, 『대교리문답』, 292.

450. Luther, 『대교리문답』, 297.

451. Luther, 『대교리문답』, 298.

452. Luther, 『대교리문답』, 299. 루터의 의도는 그리스도가 제정하신 세례를 존중하자는 것임에도 불구하고, 위의 인용문이나 "하나님의 질서가 서려 있는 물"(auf das Wasser, das in Gottes Ordnung gefaßt ist) 같은 표현들을 이해하기는 쉽지가 않다(300; CLA 1:135).

453. Luther, 『대교리문답』, 301. "단언컨대, 믿음이 아니고서는 아무것도 가져올 수 없고, 아무것도 받을 수 없습니다."(301; CLA 1:136.

"Was nicht Glaube ist, das trägt nichts dazu bei, empfängt auch nichts.") 또는 "세례를 통해 약속에 담긴 복을 받고 그 유익을 얻기 위해서는 하나님의 명령과 그분의 이름을 진심으로 받아들여야 합니다"라고 말하기도 한다(302).

454. Luther, 『대교리문답』, 301.

455. Luther, 『대교리문답』, 304-305. 루터는 또한 "그리스도인의 삶이란 '매일 세례'와 다르지 않습니다… 인간은 매번 옛 아담에 속한 것들을 끊임없이 제거해야 하고, 새 사람으로 거듭나야 한다는 뜻입니다"고 말한다(315).

456. Luther, 『대교리문답』, 318; CLA 1:144. "Wenn du deshalb in der Buße lebst, so gehst du deinen Weg in Kraft der Taufe, welche dieses neue Leben nicht bloß sinnbildlich darstellt, sondern auch bewirkt, anhebt und weitertreibt."

457. Luther, 『대교리문답』, 307-313. 지면제한상 루터의 유아세례론에 대해서 상세하게 다루지 못한다. 종합적인 논의는 Peters, *Commentary on Luther's Catechisms: Baptism and Lord's Supper*, 116-143와 Timothy Wengert, *Martin Luther's Catechisms: Forming the Faith* (Fortress Press, 2009), 101-103등을 참고하라.

458. Luther, 『대교리문답』, 325.

459. Luther, 『대교리문답』, 326. 그는 이어서 "다른 말로 하면, 성만찬의 내용은 하나님의 '명령'에 속하는 것이며, 그리스도께서 정하신 것이라고 할 수 있습니다"라고 말하기도한다(326-327).

460. 지원용 편, 『루터선집』, 7:503-525; Schaff, 『독일종교개혁』, 522-546.

461. Luther, 『대교리문답』, 326. 벵어트에 의하면 루터는 『대교리문답』 저술을 마무리하던 시점에 성찬에 대한 설교를 진행했고, 이를 저술의 자료로 활용했기에 성찬론에 대한 논쟁적인 언급을 자제하고 있다고

할 수가 있다(Wengert, *Martin Luther's Catechisms*, 131, 184).

462. Luther, 『대교리문답』, 327. 루터는 성만찬 제정의 "말씀 위에 서 있는 것이야말로, 이제껏 일어났고 앞으로 일어날지 모를 모든 과오와 유혹을 대항하는 우리의 온전한 근거요, 보호 장치이며, 방어막"이라고도 말한다(331).

463. Luther, 『대교리문답』, 328-330.

464. Luther, 『대교리문답』, 328-329.

465. Luther, 『대교리문답』, 330.

466. Luther, 『대교리문답』, 332-333. 루터는 시련을 대면해야 하고 많은 장애물로 인해 고통당해야 하는 신자들에게 성만찬은 "매일 먹을 푸른 초장이며 양식"으로서 "신앙은 견고해지고 강해"지게 한다고 말하기도 했다(333).

467. Luther, 『대교리문답』, 334.

468. Luther, 『대교리문답』, 350. 성찬을 "불사의 약"(Unsterblichkeitsarznei)라고 지칭한 익나티우스의 말도 인용한다.

469. Luther, 『대교리문답』, 336.

470. Luther, 『대교리문답』, 335, 337.

471. 루터 자신도 『대교리문답』에서는 성찬론에 대해 자세하게 말하지 않고 일반적인 설명에 만족한다. 다른 논쟁적인 문서들과 달리 반대자들에 대한 비판의 강도도 약하다고 볼 수가 있다. 루터의 성찬론에 대한 종합적인 논의는 Paul Althaus, *The Theology of Martin Luther*, 이형기 역, 『루터의 신학』(서울: 크리스챤다이제스트, 1996), 408-435 아카기 요시미츠, 『종교개혁자의 성만찬론』, 김종무 역 (서울: 만우와 장공, 201), 53-308와 Peters, *Commentary on Luther's Catechisms: Baptism and Lord's Supper*, 149-227(224-225에는 루터가 성찬에 대해 쓴 저술 목록이 제시되어 있다); Barth, 『마르틴 루터의 신학』, 462-485 등을 보라. 또한 루터와 종교개혁자들의 성찬논쟁에 관해서